—— 國際

Sofia
Cavalletti
蘇菲亞
卡瓦蕾緹

Gianna
Gobbi
吉安娜
高比

U0032035

Rebekah
Rojcewicz
瑞貝嘉
羅契費茲

—— 者 ——

潘茵亭

—— 譯 ——

The Good Shepherd and the Child

A Joyful Journey

讓小孩子來吧

從家出發，邊玩邊學的信仰培育

Content

PART 1　概念篇

PART 2 實作篇

專文推薦

因為祢把這些事向小孩子們顯明出來

馬秀蘭

有人帶著小孩子來見耶穌，要耶穌摸他們，門徒便責備那些人。耶穌看見就惱怒，對門徒說：「讓小孩子到我這裡來，不要禁止他們；因為在神國的，正是這樣的人。」於是抱著小孩子，給他們按手，為他們祝福。 ——馬可福音 10:13-16

聖經學者 Sofia Cavalleti 與蒙特梭利教育專家 Gianna Gobbi，以蒙特梭利教育為基礎開展了「善牧教理課程」，她們繼《與孩童一起體驗神》之後，再次推出新作《讓小孩子來吧》，令人無限欣喜。

幼兒有認識神的本能

作者從兒童發展需求談起，自胎兒生命形成以來及至長成，我們感受生命的本身因著造物主而奇妙可畏。本書見證了

認識神、敬畏神乃是兒童與生俱來的潛能，而這份屬靈能力可以在遊戲中被激發出來。

情境營造

本書為每位提出「如何做」問題的讀者，記錄了具體可行的「教案」，並以個案回饋，給予讀者無限想像的空間。

聖經裡，上帝設置情境啟示祂的聖民，例如神在曠野裡為亞伯蘭指出，他將後裔如星如沙，並允諾賜福他的後代子孫，對於尚無子嗣的亞伯蘭來說，是何等震撼的體現呢！

「善牧教理課程」也以故事引導及教具的操作，如抱著嬰孩耶穌，使幼兒有情感的認同，透過引導員（父母教師）的提問：「上帝會為耶穌預備怎樣的母親？」幼兒將對應於生活中母親的愛，來感受天父上帝細心的守護。

務實的「教材」

對幼兒來說，遊戲的體驗即是生活，「善牧小室」是自由探索的遊戲空間，在家裡的客廳、幼兒教室可有主題角的設計，使幼兒的活動持續進行，在刻意的情境創設中，或大自然的體驗裡，孩子們透過五官如視覺、聽覺、嗅覺、味覺和觸覺加上第六感直覺，去發現與感受，是情緒、情感的欣喜與渴望。孩子由外界所接收到的內容，經過內在思維及認知的運作，轉化於人際互動、語言交流、肢體創作，如此體驗即是生命特質模塑的養分。

　　為孩子布置一個滿有「神之話語」的環境，當孩子進入「善牧小室」，即被其中的人、事、物所吸引，孩子的思想被激發，對應了故事的某些情節，於是「孩子在基督裡」，他們開始與神自由對話，是透過操作教具的回應、是話語中的回應、是手作的回應，孩子定睛於基督，於是他們說「基督在我裡面」。

　　這是一本務實的「教材」，作者在書中以好牧人、耶穌降生、聖禮等教案示範操作的程序，並標注幼兒對情境的回應，著實令人感到鼓舞。

儀式感

　　敬拜的儀式感，使引導員幫助孩子透過教具的操作，對神的話語心懷敬畏，並內化於孩子的生活中，成為珍貴的記憶。

　　聖經故事透過神自己的話、聖靈的工作，使孩子有能力感受神的愛，而孩子們也會對自己所體驗的，在遊戲中透過模仿、扮演、操作，給予神熱切無私的回應。雖於此階段的兒童因太過幼稚，不會刻意思考信仰的意涵，卻因此更能表現出單純而堅定的信心。

　　我們很驚訝地看見，是聖靈的工作激發了孩子的靈性潛力，是孩子原本就有的能力，是人與神自由交流的能力。

幸福有感

　　當嬰幼兒來到我們當中，將我們內在原本那一份「愛的能力」激發出來。同樣地，耶穌來到世上，也要將存於人內在愛

的潛能,將神所賜予的美善激發出來!

耶穌說「讓小孩子到我這裡來,不要禁止他們」,當上帝把嬰孩耶穌帶到我們當中,他願意我們藉著祂的恩賜,再一次恢復人類曾經失落的單純與平和。

看這些帶著「孩子」來到耶穌面前的人,他們的身段非常地柔軟,於是耶穌很容易就能把他們抱在懷裡,他們很單純、很渴望,所以他們會低下頭,主耶穌就按手在他們身上,他們得到神的賜福。

現在抱著孩子的你,講述上帝的故事,看著孩子們充滿好奇的圓溜溜大眼,會否讚嘆:「父啊,天地的主,我讚美你,因為你把這些事向小孩子們顯明出來。」

（本文作者為中國主日學協會教育事工組主任）

專文推薦

———◦———

少了宗教教育的全人教育，還算是「全人」嗎？

葉榮福

「全人教育」已是一個人盡皆知的概念，教育部在2014年推出「十二年國教」課程總綱時，還特別指出「十二年國教」是以「全人教育」、「核心素養」為發展主軸，但卻很少人會問：「全人教育」裡有包涵「宗教教育」嗎？

而令人遺憾的是，教會學校一向重視的「生命教育」，自民國86年推廣到全國實施後至今已20多年，兩年前發布的最新108十二年國教總綱中，「生命教育」所列出的五大核心素養，卻只看見：哲學思考、人學探索、終極關懷、價值思辨與靈性修養等五大學習主題，完全未提到「宗教教育」。

本書最大的特色，是在〈前言〉中便開宗明義地強調，給兒童「全人」的完整信息是本書的焦點，適時的「宗教教育」對孩子的全人發展十分重要。其核心理念是依循開創「善牧教理課程」的蒙特梭利教育家蘇菲亞・卡瓦蕾緹（Sofia

Cavalletti）和吉安娜‧高比（Gianna Gobbi）的思想，同時再添加了另外三位專家的寶貴經驗——席爾瓦娜‧蒙塔納羅（Silvana Montanaro）、派翠西亞‧庫爾特（Patricia Coulter）和瑞貝嘉‧羅契費茲（Rebekah Rojcewicz），她們也都擁有數十年的蒙特梭利教學經驗，使全書內容更為豐富。

蘇菲亞‧卡瓦蕾緹在本書第一部分，即開門見山地邀請所有的父母和教理老師思考下列的問題：

✦ 兒童需要「宗教教育」嗎？
✦「宗教教育」對兒童的全人發展很重要嗎？
✦ 六歲之前的兒童，有必要提供「宗教教育」嗎？
✦「宗教教育」為什麼要那麼早開始？等到孩子大一點再開始不是比較好嗎？或是上學後再開始？或是當他們到達六、七歲開始有「邏輯推理能力」時再開始不也可以嗎？

這些問題在台灣這個環境，過去幾乎很少人會提出來討論，即使在教會內也是一樣，很可能是因為缺少相關的書籍或資訊，一方面不容易引起社會或教會的關注，另一方面是即使偶而碰觸了也引不起共鳴，倘若能藉由本書的觸發多帶動這方面的探討，對孩童「全人教育」的發展將是一大福音。

在面對孩童談「宗教教育」時，本書依然本著過去已發行的兩本有關「善牧課程」的書所談到的（《與孩童一起體驗神》和《兒童教理創意教學指南》啟示出版），都特別強調是以「對

談」而非「灌輸」或「教導」的方式。父母或老師千萬別先入為主地認定孩童什麼都不懂，這樣的想法不但無助於和孩童談「宗教教育」，反而會造成阻礙。

尤其是，經由這幾位書中的專家經年累月地在「善牧小室」中與孩童「對談」後發現，孩童的宗教生命中有一個特質，就是當他們獲得幫助而能更接近神時，孩童會散發一股獨特的「喜樂」能力，他們會感受到一種特別的喜樂。根據專家們的觀察，孩童是生活在一個與大人不同的宗教世界，他們所體驗到的及所生活出的，與神之間的關係和方式，恰恰好都和大人們是不一樣的體驗。

這一點，正是「善牧小室」努力為孩童提供的包含完整信息的「全人教育」，而我們成人為了孩童的宗教培育所該做的，也是同樣的方向。

（本文作者為輔大全人教育中心兼任講師）

專文推薦

發展全人健康培育

裴育聖

我在牧靈工作的過程中，常常聽到與體驗到人的身心靈過著不平衡的生活。有很多家庭（天主教的或其他宗教的家庭）看表面很受大家的讚美和羨慕，其實深入了解就知道其中有很多問題與悲哀。

有很多現代家庭，夫妻保持冷漠、彼此不干涉對方的生活，孩子與父母保持距離來往，各自管理自己，只顧自身不要有問題發生。每個人都活在自己的世界裡，甚至我曾經看到一個家庭，一家四口去餐廳吃飯，我注意到他們從開始排隊到入座吃飯的這段時間，每個人都在滑手機。

我一直在想，為什麼他們不彼此聊天呢？家庭或社會的教育忽略了什麼因素，才引起人與人之間的互動和關係這麼缺乏？家長有沒有以全人教育來養育孩子？或父母只渴望孩子長大後，在社會有地位或找到工作，賺很多錢過生活就好呢？父母有沒有渴望孩子全人教育發展的三個方面（身心靈）一起健康成長呢？

- ✦ 身：父母希望給孩子最佳的營養，讓他們身體健康，並有最強的免疫力，讓孩子平安地長大。
- ✦ 心：父母希望孩子好好用功讀書，並鼓勵孩子鍛鍊人生道德的美德，成為好人與正義的人。
- ✦ 靈（宗教信仰）：這是大部分的家長或教育者，對孩子很忽略或很鬆綁的培育。一般有這樣的理論：讓孩子在長大成人之後，自己決定自己的宗教信仰、自己尋找自己的靈魂交託吧。

　　這種想法在我的牧靈經驗中遇到太多了。就這樣，家長或教育者無意識中在孩子身上撒了「無神」的種子，千千萬萬的孩子對宗教信仰產生很大的「無需」、甚至反感，並常認為人生以自己為中心：我自己決定我自己，沒有什麼神來幫助我！請你救你自己吧！懷著這樣的想法，人總是會有遇到忐忑不安的階段、或是體驗到自己無能為力的時刻，此時，他們的心靈會變得空虛，也會引發對世界的失望或絕望，因而過著放縱自己的生活。

　　我真感謝天主並很開心地向人家推薦《讓小孩子來吧：從家出發，邊玩邊學的信仰培育》來當作基本教育孩子的書籍。這本書以基督宗教的信仰來提供給父母、陪伴孩子的人或教育者等，如何以全人的教育來陪伴和帶領孩子在天主面前走上真正快樂和健康的人生，如同聖經上告訴我們：「耶穌在智慧和身量上，並在天主和人前的恩愛上，漸漸地增長。」（路加福音2:52）

　　耶穌在天主（神）與人的愛中成長。這是最佳的全人教育發展。我希望這本書的內容和實際的活動，能讓家長與孩子健康快樂地活出美好的生命，如同〈聖詠〉描述的：「我要在天主面前，生活於人世間。」（聖詠116:9）祝福每個家庭充滿天主的愛與喜樂。

（本文作者為古亭耶穌聖心堂主任神父）

專文推薦

——●——

走到我最喜樂的神面前！

鄭育智

　　當開始閱讀這本書，心中有無比的喜悅，因為有同感一靈的喜樂在其中。因自己投入我們稱為朋友的小孩的生命旅程中，我們知道小孩不是小孩而已，而是被稱為小孩的「人」，正如這本書一直給我們的看見一樣：「你的孩子是一個活生生的人，走在自我建構的旅途上不斷成長……」

　　在我自己接受的 MEBIG[1] 牧養信念裡面，「兒童、小孩」更是我們的朋友，正如耶穌也稱我們為朋友一樣，他們是被稱為小孩的朋友。他們最渴望的是關係，我最喜歡書中這樣描述關係的圖像：「兒童最深的需求是『關係』。」而這關係卻又是朋友的能力：「兒童擁有一種自然享受與神深刻關係的能力，兒童能夠享受神的臨在，兒童能夠把自己全然地交給神的愛。」哇！真的是極美的能力。

　　這本書給我們很發人省思的看見，我們不是在「傳教」或

---

1. ME 是代表 Memory，BI 是代表 Bible，G 是代表 Game，所以 MEBIG 就是透過遊戲來學習聖經真理、背誦聖經經文的創意兒童事工。

是告訴你如何「課室管理」，如何「編寫教案」，而是「每個人終其一生的使命即是成長為完整的人」，這正是耶穌來到我們當中所要傳講的福音。每位家長、牧師、主日學老師、每個人，都要知道神對人的看見，是「全人」的，你的整體生活是在家庭、教會、職場、學校中，而你本身的發展也是身、心、靈各種層面的發展。

而對兒童來說，他們在不同的成長階段有著不一樣的需求，和他們一起做的每一件事，是教育，也是遊戲，因為這些事都會帶給他們喜樂。這喜樂讓他們發現上帝就在其中。

本書裡面多位專家所分享的經驗談，不是理論，更不只是教學經驗，而是見證生命與靈裡交流的經驗，更是對生命的肯定與讚美，這對我有很大的提醒：信仰是需要引導的，信仰是需要體驗的，信仰與生活是緊緊連結在一起的。而我們就是在生活中去經歷上帝，在經歷上帝的時候建造我們自己，而我們就能一步步因著耶穌基督的救恩，成為「完整且喜悅的人」。

這本書是讓我們重新重視孩子信仰建造的「呼籲」，喚醒我們不要再認為孩子只是孩子，他們真的是天父所愛的朋友，天父愛他們，天父肯定他們。我們每個人都是從「孩子」開始的，我們要讓這開始成為人生喜樂之旅的起點，這起點要成為他們生命中的「房角石」，因為他們知道「耶和華是我牧者，我必不至缺乏」。我衷心推薦此書給熱愛生命的你。

（本書作者為台南北門基督長老教會牧師）

專文推薦

———•———

孩子們最美麗的
「內心花園」

鍾安住

　　我最喜樂的牧靈福傳工作之一，就是關照天主託付給我，總教區中每一個堂區的寶貴小羊。每當我參訪時，一方面，看到屬於基督羊棧的羊群對基督善牧的信任，使我心中充滿了喜悅；即使在生活困難的挑戰中，仍看到他們熱心實踐信仰而深受感動。另一方面，也特別留意到許多堂區內的孩童寥寥無幾，而耶穌的這句話「讓孩子們來吧！」不禁環繞在腦海中。

　　耶穌在宣講時，對祂的聽眾也多次表達了這樣的熱切渴望，若要進天主的國，我們就必須成為孩童。孩童到底有什麼獨特之處呢？當孩童從堂區生活的型態中消失時，我們又將錯失了什麼呢？

　　教育專家最近提出了一個事實，即兒童有一種與生俱來的渴望和能力，甚至從很小就開始與上主培養親密關係，是一個至關重要的培育。當他們得到這些能力的訓練時，孩子們便能

夠在自己的內心產生出一個最美麗的「內心花園」，在那裡他們可以發現和默想天主王國的奧秘。在許多的教育工作者中，首先認出孩童有這樣天賦的是：蘇菲亞・卡瓦蕾緹（Sofia Cavalletti）和 吉安娜・高比（Gianna Gobbi），她們是「善牧教理課程」的創始人，同時以瑪麗亞・蒙特梭利 (Maria Montessori) 的幼兒教育理念為原則。

「善牧教理課程」在過去的數十年間，已經推廣到普世教會，在許多國家也都蓬勃、熱烈地進行著；2021年，在台灣高雄樂仁幼兒園及聖功修女會的努力之下，也開始了「善牧教理課程」課程，引導孩子認識並愛上耶穌——他們的好善牧。

藉此，在他們幼小的心智中，種下了與基督和教會終身友誼的這顆種子。他們會主動地請求去教堂與基督善牧共度時光；而不是被迫「去教堂」、去參加任何的宗教課程或是兒童道理課程（主日學）。「善牧教理課程」中的「善牧小室」是為兒童量身定製的環境，使年僅三歲的孩童便能開始有信仰的體驗，尤其是所有的教理都以正確的方式與管道來引導他們，同時以最適合他們年齡的方式學習更有意義地參與主日彌撒。

「善牧小室」（atrium）原意為中庭，指的是教堂建築外部區域的建築術語。因此，顧名思義，被視為教堂的入口，同樣地，孩子們透過聖經、禮儀經文、聖歌及小室中的各式工作來幫助他們探索、思考，並默想更深層的含義；特別是被邀請默想：寶貴的珍珠、埋在地裡的寶藏、長成一棵大樹的芥菜籽，以及使麵團發酵的酵母。

　　「善牧小室」的體驗並不是最終的目的；而是為孩子們每週參與主日彌撒及禮儀年中的不同節期做最好的準備。

　　本書是台灣啟示出版系列叢書的第三本，以紮實的教學原則、健全的教義為指導依據，同時參照兒童的發展階段和他們特有的需求和本能。本書不僅對直接參與宗教教育的教理講授員、修女修士和神父們來說非常實用；同時，也是父母和祖父母在家庭教理、家庭宗教教育的好幫手。事實上，也能幫助那些想要更清楚地了解孩童和他們靈性需求的人，更能幫助我們意識到必須從孩童身上學到的許多事物，以及與耶穌成為朋友的獨特含義：透過他們熱切的渴望、享受著與祂同在的感受、甚至是在祂內的新發現所帶來的平凡喜悅。

　　在你手中的這本新書，提供了許多有關兒童天性與發展特質的見解，並為我們這些童年已成遙遠記憶的人提供了一個非常有用的視野，能幫助我們了解耶穌讚美兒童的單純和真誠的樣子，以及如何同他們一樣使我們更接近上主。

　　它精簡地概述了「善牧教理課程」的原則和關鍵要素，並以綱要式記述了如何促進幼兒宗教成長的基礎課程。概括了《天主教教理》作為信仰中所有宗教教育的主要焦點的內容：「在教理講授的中心，我們主要是講那一位，祂就是納匝肋人耶穌、聖父的獨生子……祂曾為我們受苦而死；復活後，如今時常同我們一起生活……講授教理就是揭開在基督身上天主的整個永恆計劃……這就是設法了解基督的言行舉止和祂所行奇跡的意義。」

　　教理講授的目的是：「使人……與耶穌基督共融：只有祂能在聖神內引導我們歸向聖父的愛，使我們分享天主聖三的生命。」（《天主教教理》#426）總而言之，這是「善牧教理課程」的基本原則，更是本書想要達到的目的。

　　因此，為孩童靈性成長、家庭教理及教理講授的普及，我推薦本書。希望它成為一本歷久不衰的書籍，因為它所包含的豐富智慧，絕對是教導孩童時所需要的有效鼓勵和最佳指導；「讓孩子們到我跟前來吧！」讓我們成為慷慨的服侍者，帶領越來越多的孩子到祂充滿愛意和深情的懷抱中！

　　「你們讓小孩子們到我跟前來！」（路 18:16）

　　　　　　　　　　　　　（本文作者為天主教台北總教區總主教）

專文推薦

———— ◆ ————

你在我眼中是寶貴的！

教理推廣中心

　　天下的每一位父母都希望自己孩子的成長是快樂的、生命是豐富的、人格是健全的；而這麼美好的人生，在必然的知識教育外，內在靈性生命的陶冶，絕對是不可或缺的。那麼為人父母的我們又將如何引領孩子自幼與天主建立親密關係，成為靈性生命的基石，同時足以協助孩子接受「我以你的名字召叫了你，你是我的。因為你在我眼中是寶貴的，是貴重的，我愛慕你」（依 43:1, 4）並回應天主愛的召喚？

　　身為教會中教理及教義的傳授者（包含了父母、祖父母、教理老師、聖職人員等），肩負著艱鉅的責任、長遠的任務。目的是為了「引導孩童們成為成熟的基督徒、度圓滿的基督徒生活」，更是傳遞耶穌無限的愛。

　　曾聽一位從事傳統幼兒教育者分享：「作為老師，我們最需要做的，就是發現孩子們獨特的閃光點，讓他們朝著自己的天分去努力；不是我在哺育學生，其實生命中遇到的每一位孩子也在哺育著我；他們用不同的個性提醒著我，猶如一個靈魂

喚醒了另一個靈魂。這是我所敬畏的，因為這是一個生命工程。」傳統的學校教育已屬一個生命工程，那麼兒童的信仰教育呢？是否將產生更深、更遠的影響呢？

面對如此的任重及道遠，時時反省、檢討及調整傳授者的方法與態度實屬必要、不可輕忽！近代於國內外所盛行的「善牧教理」實為傳統的教理講授開闢了一道新門、注入了新生命。這種以瑪利亞‧蒙特梭利博士對孩童特質發展為基礎而延伸的教理講授法，配合孩子純真本性的發展，不僅為成人，更為孩童走向天主的旅程，提供了重要的協助。

「教理講授是對兒童、青年和成人的信仰教育，這教育特別包括基督教義的傳授，它通常是以一種有組織和有系統的方式進行，目的是引導他們度圓滿的基督徒生活。」（《天主教教理》5）

本書相較於啟示出版的前兩本《與孩童一起體驗神》與《兒童教理創意教學指南》，更加務實並一步一步地從0～3歲、3～6歲等不同階段的心智發展，說明了孩童在身、心、靈上的需求，及我們成人（不論是家長、教理老師、聖職人員）在一旁如何能供給孩童在各個階段所需要的養分，也就是幫助他們一點一點地將天主的樣貌、以及與他們自身的關係描繪出來。

在我們的服務對象中，常有家庭在經歷幼兒成長的過程中，會問到：「我要從哪裡開始為子女們講天主？何時開始呢？如何才合適呢？」本書具體地為此提供了完善的答案：從受孕就開始。原來這一切都是為幼兒宗教教育做準備：我們與胎兒一同祈禱、為幼兒準備合適的環境、建立秩序與安全感、

父母與幼兒的親密接觸、發展人我關係，在在都是讓他們能在適當的時機，從身邊的人事物開始認識天主的各種樣貌，並建立一個只屬於他與天主的親密盟約／關係。

古時孟母三遷造就了「亞聖」，可見環境中潛移默化的作用是不可小覷的。「善牧教理」中「善牧小室」即是孩童與成人一起活出宗教經驗的環境與空間。在這小室中，只有一位導師──耶穌基督，孩童和成人都是聆聽者；除了聆聽天主聖言，並藉由操作教具，進而體會禮儀慶典所代表的奧秘。教理引導員只是從旁協助，不作任何的操控，讓聖神得以針對每位孩子的獨特性、不同的天分作哺育，以結出個人的生命果實。

因此，孩童內心的呼聲：「幫助我，讓我自己做。」也成為本書內容中呼之欲出、處處可見的提醒。反觀，在傳統的學術教育及宗教教育中常見的現象：成人們很自然地忽視幼兒的能力，先入為主地認為他們是弱小而不智的群體，因而導致成人過多的協助與代勞、過多的陳述與說教。因此，我們認定幼兒無法理解聖經，便用盡各種方式向他們解釋、說明，或是在幼兒探索、操作教具時「協助」他們，其實這些語言與行動反而阻斷了幼兒與內在導師「聖神」溝通的機會。

在本書的第二部〈實作篇〉中，我們可以閱讀到每個教案的示範與說明，都是用最原始的聖經經文、最少的提示語、真實的標記，讓幼兒能在教具的操作中被聖神所帶領，了解那超越我們語言所能講述的真理。

「善牧教理」有非常不同凡響的「教」與「學」。其中「教

理引導員」與孩童一起生活、一起分享宗教經驗；在這過程中協助孩子們體驗宗教生活，在不知不覺間，滋養了生命，也豐富了人生。

若說這是一條讓兒童與天主攜手前行的登高望遠的山間小徑，那我們成人也只不過是為孩童們指出登山步道之入口，讓孩童能與天主踏上這喜悅的旅程。同時，也願每位成人能緊隨其後，透過孩童驚奇的雙眼看見天主的臨在與一切美善。

只因我們都是天主所鍾愛的子女，「這是我的愛子，我所喜悅的。」（瑪3:17）

台北總教區教理推廣中心
寫於2022年佘山聖母、進教之佑聖母紀念日

短片分享：
實踐與感動

一位老師在經過「善牧教理」的薰陶，陪伴與觀察孩童時，體會到信仰的精髓——與天主同在的真善美。

前言

—◆—

陪伴孩童的靈性旅程

by Patricia Coulter

我就要走……走近我最喜悦的天主面前。

——聖詠（詩篇）43:4

　　這本書所提供的實務省思與基本建議，是為了幫助兒童成長為一個完整而喜悅的人。書中的內容，主要是寫給那些陪伴孩童靈性旅程的成人，例如：

- ✦ 家長：想要幫助你的孩子踏出旅程中的第一步，也是最重要的一步
- ✦ 老師：關心處於生命中最重要時期的幼兒園孩童
- ✦ 教理老師（catechist）：使堂區教會與學校成為基督團

體，讓兒童的宗教潛能得以受滋養

✦ 任何與孩童生活相關的人：無論是祖父母、神長（神父或牧師）、宗教教育者，以及所有尋求和兒童一起在教會團體中生活的成人

這本書也是為那些冀求自己能像愛爾蘭詩人派屈克‧卡范納（Patrick Kavanagh）所說的，在日常生活的「點滴之間」更深入體驗上主慈愛的人而寫。

沉浸於愛的邀請

我們的主題是神與兒童的「盟約」，以及一種與孩童相處的方式，幫助兒童活出與神的關係。這是一本關於引導兒童進入「盟約關係」的書，幫助兒童接受與回應神對每個兒童的無條件、個人化的愛：「我以你的名字召叫了你，你是我的……因為你在我眼中是寶貴的，是貴重的，我愛慕你。」（依撒意亞／以賽亞書43:1, 4）[1]

神和我們每個人的盟約關係是聖經的中心主題，在與神的盟約關係中，是神先愛了我們（若望／約翰一書4:19），在我們尚未出世之前便是如此（聖詠139:13）。透過我們的生命，神以祂永遠不變也不滅的愛（耶勒米亞／耶利米書31:3）輕柔地扶

---

1. 編注：本書中出現的聖經名詞（如章名、人名）在每章首次出現時，皆以天主教、基督新教通用譯名對照的方式呈現，以便讀者閱讀。

持與提攜我們（依撒意亞 46:3-4）。

盟約關係是聖誕訊息的核心，耶穌跨出第一步，來到我們之間，讓我們得到更豐富的生命（若望／約翰福音 10:10），且在與我們的愛中一同喜悅（若望 15:11）。

活在盟約中的愛與喜樂適用於所有人，包括兒童。在聖誕節禮儀中，福音信息被稱為「為所有人帶來的大喜訊」，同時，聖誕彌撒以隆重的降福作為結束：

> 天主曾以耶穌誕生，
>
> 偉大救恩的喜訊，
>
> 由天使報告給牧童們；
>
> 願祂也以無比的歡欣，
>
> 充滿你們的心靈，
>
> 使你們也成為福音的宣講者。

▶ 給兒童完整的信息

為了回應這個呼召，我們應該給予兒童「完整」的訊息（宗徒大事錄／使徒行傳 5:20），如果我們向兒童宣講「好消息」，那麼，基於兒童是許多面向集合而成的整體，我們也必須向兒童的全人做宣講。

給兒童全人的完整信息，就是我們的焦點。本書的第一部將探討神和兒童，也就是「誰」以及「為什麼」，第二部則具體

地探討「信息」的本質，也就是「什麼」和「如何」；這兩部的內容相互呼應。

用這種方式有一個危險，就是你的問題不見得會如你所願地得到充分的解答，然而我們選擇這種全面性的方式，是試圖避免一個更大的危險，就是區隔了兒童的整體生活 —— 家庭、教堂、學校，或是劃分了兒童的整體發展 —— 生理、智性、情感、社交和宗教。

家庭、學校和教堂都是兒童整體生活的一部分，兒童的發展也包括身體與心智、心和靈的層面，無論我們透過什麼樣的角色與兒童互動，我們都成為兒童生命的一部分。

我們希望透過本書，提供一個把兒童視為全人的方法，並邀請你進入這討論中，讓我們一起幫助兒童，步上兒童與天主同行的旅程。

邀請你進入我們的討論中，指的正是字面上的意涵，這本書就是如此開始的：一群有著不同專業背景的朋友，在其中一人的家中聚會時，試圖要回應兩位來自加拿大的主教的問題：「你會跟一位六個孩子的媽說什麼？跟幼兒園老師呢？教會的教理老師呢？」

經由長時間、遠距離延續這個討論，有時透過對談，有時則透過書信，本書因而成形。在本書緩緩開展之際，你就是討論的焦點，彷彿你與我們同在，透過對談的方式，親身交換經驗與灼見。

➧ 盟約關係

　　第一部包含三個章節，是兒童宗教培養領域中資深協同合作者的對談，三個章節皆聚焦於孩童，且各章討論的面向各有不同。

　　開場，蘇菲亞・卡瓦蕾緹（Sofia Cavalletti）博士直接切入兒童教育中最困難的一些問題：

- ✦ 兒童需要宗教教育嗎？
- ✦ 兒童有能力活出與神的關係嗎？
- ✦ 這對兒童的全人發展很重要嗎？
- ✦ 如果很重要的話，我們要在什麼時候、怎麼告訴兒童、要說什麼，來說明神和他們的「愛的盟約」呢？

　　蘇菲亞繼續在第二部回應這些問題，但在第一章，她的回應基本上是個人的經驗談。雖然她身為聖經學者的身分，讓她的省思有穩固的立足點，但這些經驗談卻不是從理論的角度出發，而是從她與兒童一起工作的四十年經驗中尋求答案。

　　同時，她也從其他來自不同國家與文化的同僚身上擷取經驗。在第一章，可以看到她對於孩童幫助她看見神與兒童本身，抱持著滿滿的溫暖與謝意。關於神，她看到：天主大能親自滿足了兒童深刻且關鍵的需求，讓兒童強大的內在潛能得以成長。關於兒童，她看到：兒童擁有極大的愛的能力（依蘇

菲亞的用字）以及與神相愛的能力，這樣的能力會在兒童的內在，以及兒童與他人、與世界的關係中，創造出和諧與喜悅。

開場的第一章為第二部的內容定調，並接續探討核心主題的實務與具體操作方式。

▶ 原生且不可替代的家長

第二章來自席爾瓦娜・蒙塔納羅（Silvana Montanaro）博士的貢獻，本章專注於兒童出生後前三年的生命歷程。雖然席爾瓦娜本身的醫學訓練為本章帶入醫學的科學專業背景，但她並不單從臨床的角度書寫，而是在家長與教師的相同立足點上，溫暖地分享她身為母親、祖母與教育者的經驗。

席爾瓦娜務實的觀點有三個重要的因素，其一是她所探討的內容根植於家庭之中，家庭則是兒童信仰旅程中最基礎的團體，如同梵蒂岡第二屆大公會議中所言的「家庭小教會」（梵蒂岡第二屆大公會議《教會》教義憲章，第二章第 11 條）。

其二，在席爾瓦娜博士的文章中，同等重要的還有對家長以及兒童照顧者的尊重。家長對孩子或是和孩子一起做的任何言行，無論再怎麼平凡，事實上都是「教育」。家長的「存在」本身對兒童的存在與養成都有至大的影響力，席爾瓦娜認為親職就是牧靈，或可稱為「為生命服務」。她認為在兒童的宗教旅程中，每個家長都擁有「原生且不可替代」的尊嚴（「家庭團體」勸諭，第 53 條）。

其三，你將會注意到，比起幫助兒童的身心發展以及社交發展的建議，席爾瓦娜提到宗教教育的部分相對較少。她的信念是兒童全面向的發展，必須納入兒童信仰發展的重要考量，因為她相信天主的光榮就是兒童滿全的生命力、圓滿的人性（參考聖依勒內的看法），用聖多瑪斯・阿奎納的話來說，席爾瓦娜以親身經歷應證了「恩寵建基於自然之上」。

▶ 傳報喜訊的使者（喜訊的宣告）

第三章由吉安娜・高比（Gianna Gobbi）教授所著，接續前章繼續闡明兒童的第二階段。吉安娜和席爾瓦娜一起主導「嬰幼兒助手」培訓，為新生兒到學齡前兒童創造能夠滋養信仰的環境，並提供相應的原則。

吉安娜對於兒童以及成人有著無比的信心，在她鼓舞家長、教師和教理老師的建議中可看出：「你」是兒童的主要資源，只要你對現有環境做一些簡單的調整，便能為兒童的成長帶來豐富的可能性。

接下來，家庭的邊界會逐漸擴展至學校和教會。身為幼兒教育者的吉安娜，同時也是瑪利亞・蒙特梭利（Maria Montessori，義大利第一位女醫師，以及蒙特梭利教育法創始人）的同事，這樣的背景讓她深愛教學志業，並能夠依據教室情況而做出適當的建議。

同時，第二章也顯現示出吉安娜博士的另一特長：兒童教

理。在 1954 年，她與蘇菲亞・卡瓦蕾緹共同於羅馬成立兒童的
「教理中心」（Center for Catechesis）。幾年後，此教理中心現址
成為目前受到國際認可的成人教理員培訓中心。吉安娜對這個
特殊環境的設計與預備、環境中用來協助兒童發展與神關係的
教具，皆有極大的貢獻。

吉安娜和蘇菲亞一樣，週復一週地親身和兒童一起工作，
她從豐富的經驗中萃取出兩點適合家庭、學校與教會的重要建
議：

+ 為兒童預備一個特殊的環境：我們稱之為「善牧小
  室」（atrium），字面意涵為「中庭」，呼應早期天主教
  聖殿，基督徒接受信仰陶成之處。
+ 為兒童預備特殊的工具：她稱為「教具」（木製或紙造的
  模型，這是兒童與神會晤的工具，其設計之意是讓兒童
  透過用手操作教具，以滋養兒童的默想精神）。

這兩個要點是吉安娜對於教理主題之實務建議的雙軌主
軸，由此導入示範主題的細節做法，也就是本書第二部的內容。

▶ 豐富的生命

第二部將會提供兒童教理中幾個特定主題的深入探討與做
法，第二部的主要內容聚焦於聖經與禮儀。第 5 章至第 7 章，以

及第10章，探討「聖經」主題，尤其是「善牧的比喻」、「天國的比喻」以及「基督的誕生與復活」。第8章和第9章的主題則環繞「禮儀」，包括向兒童介紹基督徒生活中兩項重要聖事，即「聖洗聖事」（洗禮）以及「聖體聖事」（聖餐禮）。接下來提供一些背景說明，以便協助你閱讀。

雖然第二部的主旨是探討基督宗教的核心訊息，以及如何將這些主題提供給兒童，但可以提供的對象並不僅限於兒童。

用幾個例子說明第二部中的示範可能延伸的應用方式：教會與學校可以用這些示範，來準備兒童初領「聖體聖事」與「和好聖事」，這同時也是成人信仰培育課程的主要概念。在一次課程結束後，一位有兩個孩子的婦女，同時也是高中老師，她說：「這示範再次喚醒了我與天主的關係。」這並不是唯一的例子，另外一個例子是來自一位大學教授，有一次他用了在本書第9章中有關彌撒的教具與視覺輔助，來向他的神學碩士生說明聖體聖事奧蹟（Eucharistic mystery）的本質。

我們用這些例子來說明，第二部所呈現的主題是基督宗教奧秘的核心，這些主題已被證實能夠滿足孩童的靈性饑渴，如蘇菲亞所言：「最年幼的」有「最大的」需要，同時兒童之外的年齡層也適用這些主題。

在第二部中，我們試圖回應一個重複被提出的問題：「那我要如何與兒童一起進行呢？」因此，我們針對向兒童示範的核心主題，提供了詳細的大綱。我們雖然這麼做，卻懷抱著一些擔憂，因為「天主的話確實是生活的，是有效力的」（希伯來

書4:12），也不能被局限在任何示範或是課程計劃當中，我們鼓勵你在閱讀的時候謹記此原則。

最後，關於祈禱以及兒童道德生活的章節，又回到盟約關係。熱愛給予、熱愛回應，這是兒童的喜樂，也是我們的喜悅，因為在分享兒童的靈性旅程中，我們發現了神面對兒童時的愛的面貌，神也是以同樣的面貌面對我們。

本章的結尾要介紹一個小男孩，他的媽媽分享了這個經驗。在這件事發生的時候，她兒子才三歲，只要她先生身為消防員的班表時間允許，她和先生以及四個孩子會在傍晚時聚在一起，共享簡短的安靜時間與祈禱。

這位媽媽講這個故事時，說自己對祈禱時間並沒有什麼特定的期待，尤其是對這個名叫馬克的小男孩，她承認她曾經質疑：這個孩子能透過祈禱時間得到什麼嗎？事實上，她甚至想說馬克對於祈禱的興趣，只是因為他能在祈禱開始時點蠟，以及在祈禱結束時滅蠟而已，當然，在非祈禱時間，他的父親肯定不同意他點蠟！

前幾次的祈禱時間，家庭成員開始講述關於善牧（好牧人）的事，大孩子也會加入，津津有味地訴說善牧如何認識他們並稱呼他們的名字，但馬克什麼話都沒說。

祈禱結束後，孩子們要上床入睡，這位媽媽要幫孩子蓋被時，會和每個孩子短暫交談幾句，當她幫助馬克上床睡覺時，她悄聲向他說：「善牧愛你，祂會以你的名字叫你。」馬克回答說：「祂不會。」

　　因為不知如何回應，媽媽保持沉默，然後馬克繼續說：
「他不是叫我馬克，他叫我喜樂（Joy）。」

　　在分享這個故事時，馬克的媽媽說：「他當時年紀好小，
我不知道他從哪裡學來『喜樂』一詞，他之前從沒有用過這個
詞。」而現在，六年之後，這個故事對這個媽媽仍有持續的影
響——重複述說這個故事，似乎也加深了她自己的喜樂。

PART ONE
概念篇

CHAPTER 1

––––•––––

神與兒童在一起

by Sofia Cavalletti

從〈前言〉的說明中可以顯見，即使是六歲以下的兒童，也有著豐富的潛能，而我們提供的教育對孩子六歲之前與之後的生命成長，皆有珍貴的貢獻。那麼，對年齡更小的孩子來說，宗教潛能也是一樣嗎？六歲之前的宗教教育也一樣會對兒童的成長帶來正向的貢獻嗎？

▶ 為什麼需要宗教教育？

在一開始，我想花一點時間，和你一起省思這些問題，或許你也會有同樣的疑問，或是其他人也曾問過你類似的問題：

◆ 兒童有能力活出與神的關係嗎？

◆ 宗教教育能否回應兒童靈性上的重要需求？這是兒童需要我們提供給他們的嗎？

◆ 還是只是因為我們重視宗教教育，就想把宗教教育強加在兒童身上？

◆ 若是缺乏某種形式的宗教培養，是否會影響兒童的協調發展？

◆ 宗教究竟是讓我們的生命更豐富，還是更複雜？

我要以兩個不同層面的方式，來探索與回應上述的問題。

▶ 兒童自己的回應

第一種方式，是觀察沒有宗教教育的情況下，兒童能否展現「活出與神關係」的能力。這很不容易，因為這需要敏銳的注意力，才能看見人類靈性中某些潛能的表徵。過去數年間，我們持續記錄不同家庭與文化背景中的兒童，在沒有接受過任何宗教培育的情況下所發生的事件[1]，以下是一個例子。

有一個三歲半的女孩問她的父親，世界是從哪裡來的。她的父親為無信仰者，講了一篇長長的道理，來說明世界並不是被誰創造出來的。在長篇大論之後，他又說有些人認為一切都

---

1. 參閱蘇菲亞‧卡瓦蕾緹所著之《與孩童一起體驗神》（啟示出版）。

來自大能的造物主,他們稱之為「神」。在這個時候,小女孩開始高興地在房間裡跑來跑去,說:「我就知道你剛剛說的不是真的,是祂!是祂!」她的祖母當時也在場,雖然身為無神論者,但她告訴我們這個故事。當小女孩的爸爸在講話的時候,小女孩覺得他某種程度上背棄了她,但因為語言能力不足而無法反駁。當她父親說出那個字的時候,她立即抓住那個詞,並且說:「是祂!是祂!我知道你剛剛說的不是真的。」

這僅是許多經驗中的一個,帶領我見到各處兒童都擁有極大的宗教潛能,事實上,他們的宗教潛能十分強大,使我必須捫心自問:在兒童與神之間,是否存在著一種神秘的連結?

▶ 與兒童一起的旅程

第二個回答這些問題的方法,則是去觀察兒童本身以及他們如何回應。我們想要知道,是什麼碰觸了兒童的內在深處、讓他們喜樂地接受,又是哪些東西僅留於知識層次,因為我們希望我們傳授的內容能夠豐富兒童的心、生命和心智。大腦的認知很重要,但我們更應該用心去體會,如果我從聖經的角度來使用「心」這個詞,指的便是全然的自我。

對我們來說,認識天主各種愛的層次是很重要的,這同時也呼應了兒童的需求。知道兒童真正的需要,或許就是宗教教育與教理課程最迫切的問題。

最主要的是,基督宗教的訊息,正如聖若望(約翰)所說,

是讓人們知道「天主是愛」（若望／約翰一書4:7）。然而愛有數種形式，例如在聖經中，神是新郎，有許多資料指出神對子民的愛是配偶之愛，但是我們不能跟兒童講述神就像是新郎，這種愛的面貌適合青少年或成年人對愛的渴求。

在神給我們的無窮而豐盛的愛當中，最能滿足兒童需求的愛的面貌是什麼呢？如果我們不知道兒童的需求，那我們說的和兒童聽到的可能不在同一個層次，說出來的話與被聽到的話並沒有交集。因此，一切端賴於我們如何向兒童呈現神。

要確認這一點，基督的「善牧」（好牧人）形象是一個很好的例子。在向兒童示範「善牧的比喻」時，我注意到兒童迫切地想聆聽這則比喻，他們不斷地要求：「再講一次，我還想再聽一次。」看到兒童一再地操作「善牧」教具也令我十分訝異（善牧教具是用一個木製圓盤作為羊棧，其上有上漆的木製牧羊人和羊）。許多同事也在不同國家中注意到相同的現象，然後我們才體認到「善牧」觸及兒童深處的心弦，滿足了兒童的重要需求。

當然，從地下墓穴時期到今日的復活節禮儀，「善牧」是一個基督論（Christological）的形象，是基督徒傳統的根基。比喻中蘊含的秘密正回應著兒童的主要需求：對於建立關係的需求，以及對於保護之愛的需求。兒童正處於對保護的敏感期，而善牧的比喻能夠滿足這個具「保護之愛」特質的需求。

這只是其中一個例子，說明當兒童在與神的關係中受到幫助時，他們會給出的回應。最重要的一點，是「善牧」（以及其

他之後會說明的主題）在不同國家與環境的兒童身上，會引發出相似的回應，不論是出身於義大利的農家、工人家庭、中產階級家庭（甚至是吉普賽家庭）的兒童、非洲未能入學的兒童、貧窮或是中上階級的墨西哥兒童、阿根廷和哥倫比亞的兒童，以及在美國和加拿大的許多社區裡的兒童，皆是如此。

還有許多其他的例子，不只限於這些兒童個人，而是許多地方的兒童都用同樣的方式回應，這揭示了兒童確實擁有的潛能，讓我們窺見兒童的宗教世界，也促使我提問：難道這一切是因為他們是「兒童」嗎？

▶ 兒童的宗教世界

當我們和兒童相處時，事實上我們是與活在另一個世界的人相處。兒童活在一個不同的宗教世界，他們活出與神關係的方式，與我們成人大相逕庭。例如，所有人都知道，我們不能用和成人談論神的方式，去和三歲的兒童談論神，而這為我們帶來難題。姑且讓我們暫停討論，先進入一下兒童的世界。

兒童的宗教生命中有一個特質，就是當他們受到幫助而能更接近神時，兒童會擁有「喜樂」的能力，他們感受到一種特別的喜樂。

有許多事情能讓兒童感到開心，但開心有數種不同的層次。有一種開心比較像是「情緒上的興奮」，這有時還會導致緊張、疲倦和焦躁。當兒童接近神時，他們所感到的開心，是會

讓他們感覺平靜、放鬆的喜樂，就像心靈深處的心弦被撩撥，他們要持續去聽從內心深處發出的聲音；也像是有人找到一個能夠給予生命的地方，一旦找著了，就不願離去。

就是這種喜樂讓兒童全然投入。有一次，在我和一些兒童一起祈禱了蠻長時間之後，一個叫做絲蒂芬妮的小女孩說：「我的身體很開心。」彷彿她和神同在時，感受到了生理上的喜悅。兒童全然地投入他們的生命，當他們祈禱或是聆聽天主聖言時，是不帶保留的全然投入。

在兒童聆聽「善牧比喻」時，總是有這種喜樂的回應，和善牧在一起時，兒童顯現出安然舒適的樣子。孩子能夠輕易且自發地由衷表達他們的宗教感受，似乎這對他們來說，是再自然不過的事。

這些喜樂的回應是非常重要的，滿足兒童的關鍵需求就是最令人欣喜之事。這些回應告訴我們宗教培育並不是我們強加給兒童的，反之，宗教經驗的深刻以及它所帶來的寧靜感受是如此強大，才足以回應兒童內在的關鍵需求。當我們幫助兒童與神相會時，我們正是在回應兒童未說出口的請求：「幫助我，讓我自己更接近神。幫助我，讓我更加成為我自己。」

▶ 為什麼要在孩子年幼時就提供宗教教育？

現在我們要進入另一個層次的問題，你可能也問過這些問題，或是有人問過你這些問題：

◆ 六歲之前的兒童，有必要提供宗教教育嗎？

◆ 為什麼要那麼早開始？

◆ 等到孩子大一點再開始不是比較好嗎？等他們上學後再開始，或是當他們開始有「邏輯推理能力」（大約六或七歲）的時候再開始？

▣ 兒童的饑渴

我對這些問題的回應是基於兒童已經是人的基礎，而不是未來會長成的青少年或是準成人。兒童是有能力也有需求的人，吶喊著「現在請滋養我」。

生命的前幾年是最富創造力的時期，為數眾多的心理學者表示，人類百分之八十的能力都是在三歲之前形成的。如果每個兒童都擁有這個最豐富、最具創造力的階段，那麼兒童的宗教發展與靈性成長，在這個階段也具有同等的創造力。

兒童不只擁有宗教能力，更有一種特別的宗教「饑渴」，當兒童饑渴時，他必須立即得到餵養，而不能等到明日。

要滿足這樣的饑渴，對我們來說並不容易，因為兒童活出與神關係的方式，和我們成人的方式十分不同，當我們試圖滋養兒童對神的渴望時，這同時也帶給我們重要的泉源。畢竟神不只是成人的神，誠如耶穌所說，我們必須要像兒童一樣才能進入天主的國，那兒童必定有值得我們學習之處。

兒童的方法

　　讓我們來談談兒童所擁有的，特別的宗教需求和宗教能力。

　　兒童的宗教需求已在前述有所討論，我比較想要給你一些例子，讓你知道我所謂兒童的宗教「能力」是什麼意思，然後我會多加討論其中一些能力。

　　有一天，一群婦女來參觀我們的教理中心，他們注意到一個五歲女孩在揉麵，一個麵團加入酵母而另一團沒有，要看看這兩個麵團的差異（這是一個和酵母比喻相關的活動，之後會再說明）。我問小女孩是否願意向客人解釋她正在做的事，因為一個小孩做麵包並非尋常之事。當我問她的時候，她說：「我正在看天國是如何長大的。」就像她真的親眼見到天國在她面前滋長一樣。

　　另外一個我想到的例子，是在我進入學齡前宗教教育工作領域的初期。我在向一群四到六歲的兒童示範聖洗聖事（洗禮），我想要幫助他們理解覆手禮的動作，也就是呼求聖神（聖靈）降臨的手勢。我不知道這些孩子可以懂多少，我猜想這對他們而言可能太過困難，但我想試試，所以我把我的戒指拿下來，放在我的手裡，然後手心向下，鬆開手掌而讓戒指掉落。

　　我重複了兩到三次，然後說：「當我要給你禮物的時候，我必須要把我的手伸出去，並把手掌打開，不然就沒辦法把禮物從我手中交到你手中。」然後我又再做了一次動作，這次沒有使用戒指當道具，我說：「神父在聖洗聖事中做這個動

作，但我們沒有看到他手上有掉東西下來，那他為什麼要做這個動作？」彷彿我問的是一個太顯而易見的問題，兒童馬上回覆：「因為他給我們的是聖神。」對兒童來說，就是這麼簡單而明確。

享受的能力

兒童擁有一種自然享受與神深刻關係的能力，兒童能夠享受神的臨在，兒童能夠把自己全然地交給神的愛。只有在六歲以前，兒童才能全然地處於這種喜樂之中。

體會到這一點多麼重要，如果我們也能在生命中享受神的臨在，那我們的信仰才會建立在無疑而肯定的基礎上。或許只有當我們享受神之愛、當我們的生命能夠享受神的臨在時，我們的信仰才能生氣盎然，才能如亞巴郎（亞伯拉罕）的信仰一般深植於心。如果我們不被允許去享受神的臨在，那我們的宗教生命必定會有努力與掙扎，如果這是我們宗教生命中唯一的感受，那表示我們的靈性生活有所缺乏。

祈禱的能力

兒童有極大的祈禱能力，這也是為什麼我們用一整個章節（第11章）來說明。在此我僅點出兒童的祈禱有非常美好的質與量，兒童的祈禱通常是感恩與讚美，我們可以幫助兒童找

到祈禱的方向，去回應與表達他們的內在生活。

▶ 極度的簡樸

兒童對宗教需求的態度是很激烈的，意思是他們深入事物的根源，只有本質與核心能滿足他們。兒童不在意那些我們生命中累積出來的贅物。

兒童可以幫助我們拋棄那些「複雜」，轉而追求兒童要求我們提供的「簡樸」。我想起一個三歲半的小男孩，他聽過「善牧」的比喻，但他沒有聽過護守天使，當他第一次聽到「護守天使」一詞的時候，他問：「那是什麼？」有人就向他解釋神派天使來保護和守衛我們，他又問：「我為什麼需要天使？」這不是要在善牧與天使之中選哪一個的問題，而是孩童受到的吸引是更根本的──就是善牧。

這也表示，我們要更清楚知道孩童真正向我們要求的是什麼。兒童是我們的嚮導，當我們忠於根本，並且不偏向次要概念時，兒童會帶著熱忱與喜樂地跟隨我們。

兒童幫助我們更簡樸、更接近根源，和兒童一起經歷宗教體驗，對我們來說才是教育。

▶ 愛的能力

在六歲之前，兒童全然地投入當下的生命，包括與神的關

係。六歲以後的兒童則是不一樣的狀態，這種全然投入當下的狀態已不復見，他們不再感到如先前那樣自由（參見第7章）。

我們知道當代心理學強調，在人類生活的各個面向中「愛」有多麼重要，愛也是宗教生活的基礎。兒童是真的墜入神的愛中，這來自於他們心靈深處。當然，這在我們生命當中的任何一個時刻也都有可能發生，但對六歲之前的兒童來說，墜入愛中是最自然不過的事了。如果這時就開始接觸教理課程或宗教教育，我們便能開始奠定基礎，也幫助兒童與神建立「愛的關係」。

另一方面，同等重要的是，兒童的宗教培育需要避免兩個可能發生的危險：理智主義和道德主義。

許多人接受過的宗教教育，可能都過於強調知識，也太過強調道德感。大部分人接受到的是關於神的資訊，這能餵養我們的頭腦，卻沒能溫暖我們的心，也就是說，這無法觸動我們整個人。

除了在行為上獲得快速的結果之外，這種宗教教育並不能讓我們在面對天主時，不必擔心我們應該做什麼或不該做什麼。這可能會阻礙我們在經驗與神的關係時本來能帶給我們的平靜與安然，更糟糕的是這可能扭曲了神的面貌，把祂視為一位審判官。

然而，若是我們在孩子六歲之後才開始宗教養成，這些理智主義和道德主義的缺點將無法避免。在你稍微讀過下述一些關於六歲到七歲兒童的特質之後，你就能略知一二：

- ✦ 兒童對於理智與文化產生新的興趣
- ✦ 兒童的心智開始能做客觀而抽象的思考
- ✦ 年紀較大的兒童也開始對道德感的議題產生興趣
- ✦ 兒童開始思索「好」與「壞」的意義,「什麼該做」與「什麼不該做」

現在,我們再回到六歲以前兒童的一些基本特質:

- ✦ 兒童完全的投入
- ✦ 兒童的所有機能皆投入於當下的經驗中
- ✦ 兒童能夠全然順服於當下的生活之中

這就是為什麼學前教育在兒童的發展中是十分重要的一環,兒童全然投入的方式,包括其所有的理智和情緒能力,都是他們和諧發展的基礎。

▶ 兒童對「關係」的需求與能力

兒童最深的需求是「關係」。我們知道,人是透過關係而成長與成熟的,但我們也知道,「關係」對於我們個人的發展與和諧的內化有不同層次的貢獻。

我們可以說,神是兒童在達成完整自我建構中所必須擁有的「伙伴」。當同類相吸時,享受之情油然而生。兒童持續且重

複地展現出與神建立關係的喜樂之情，這讓我可以這麼說：神的「肖像」在我們每個人的模樣中（創世紀1:26），尤其是在兒童身上更為澄澈可見。

在兒童與神之間有一種特別的信任關係，為什麼兒童與神的關係如此自然而喜樂？因為與神的盟約關係中，兒童在自己內在找到了最珍貴的能力——愛的能力。

與神的關係就是愛的經驗，無遠弗屆的愛的經驗。在盟約關係中，會面的雙方裡面，有一方是神，也就是「愛」，另一方則是兒童，兒童也有豐富的愛，雙方擁有愛的能力不同，但愛的品質卻相似，他們真切地與對方相遇。在這樣的盟約關係中，兒童找到他的同伴，是無限且永不枯竭的愛，恰如其分地回應了兒童最深刻的需求，讓兒童能夠和諧地處於世界之中。

兒童不僅知道自己所處關係中的對象，還需要為他們的關係慶祝。在最基本的層次上，慶祝指的是一起做一些事情，讓我們更能覺知彼此的關係，讓關係更為具體，因而強化關係所帶來的喜樂。祈禱有多種形式，包括靜默、歌曲、透過手藝工作，這些都是慶祝的方式。另外，就像家人一起吃飯也是最基本的慶祝形式一樣，聖體聖事（感恩禮）也是基督徒家庭生活中的基本慶祝方式。

▶ 為什麼是基督宗教？

在繼續下一個話題之前，我們先花一點時間來說明幾個常

被提出的問題：

+ 為什麼要向兒童介紹特定的宗教傳統？
+ 比較好的方式會不會是培養兒童的「宗教敏感度」，之後再以這種宗教敏感度去回應特定的宗教訊息？

在回應這些問題時，我提供以下的考量點：

+ 想要停留在模糊的層次且不提供特定的內容，就如同要兒童說話但不得使用特定的語言一樣，如果我們想要談論宗教真相，就必須使用語言。
+ 至於針對特定的宗教訊息，猶太基督宗教訊息是西方文化中的基本元素，而兒童教育也包含向他們介紹成人所處的環境以及環境所珍視的價值，這也能幫助兒童理解並欣賞他人的觀點。
+ 關於要選擇「自然的傾向」，基督宗教的訊息確實能啟發人們對大自然的讚賞，但不止於此，盟約中的神在當下（此時此地）和我們建立了個人的關係，兒童無法在沒有聽到「好消息」的情況下理解這些。

為兒童的饑渴提供糧食

下列幾個聖經主題，能夠提供必要的糧食來餵養兒童的饑

渴。我們並不是因為自己的計劃而選擇這些主題，而是因為這些主題最能引發兒童的回應。在跟隨兒童的帶領時，我們發現兒童帶領我們進入基督宗教訊息的核心，這些基本的主題表達了宗教真相的本質。

我們提供給兒童的主題可以整合為兩類：

◆「那一位」（Someone）認識我們，並且「呼喚著我們的名字」（基督善牧）。

◆ 祂給予生命（基督是光）並且透過祂自己作為禮物，在無盡的愛中照亮我們。

因此，我們的主題環繞著「生命」本身的奧秘與生命的根源，透過：

◆ 天國的比喻。

◆ 如芥子、珍珠的比喻等，幫助我們默想在我們內在、卻非從我們而來的大能，也幫助我們默想沉浸其中的「生命力」，從少「長成」多。

這些是我們提供給兒童的基督宣講的重要主軸，可以滿足兒童的饑渴。兒童寧靜、喜樂地接受這些概念，也在當中默想與安靜。兒童對於這些主題的回應，也揭示了兒童能夠直接導向核心的能力，而這就足以滿足他們。

兒童的回應也顯示，我們並不是強迫兒童去親近基督宗教訊息，相反地，這些基督宗教宣講提供我們一個方法，向兒童介紹宗教真相中最深的層次。

本書的第二部將會闡述基督宗教訊息的細節，尤其在這些方面：

- ✦ 兒童宗教養成的基本聖經主題
- ✦ 這些主題在天主教傳統中如何實現（也可以為基督新教傳統做出調整）
- ✦ 這些聖經主題在禮儀與聖事中的體現，尤其是聖體聖事（聖餐禮）和聖洗聖事（洗禮）

盟約關係中的僕人

在本章結尾，我想要說明，雖然針對年紀較大的兒童有很多值得做的事，但在兒童六歲以前，有一件非做不可之事：幫助兒童進入神的愛中，與神相愛。

我們正在協助兒童經歷一個關鍵的過程，而這不只是一個單純理智層面的過程。在生命中，我們偶爾感到無能為力，我們無法直觸困境的中心，也無法代替別人相愛，但我們可以幫助他人與「那一位」相遇並與之相愛。

基督宗教是一個又一個事件所組成，如果沒有人把這些告訴兒童，兒童不會知道基督已死，且基督復活，他們必須要知

道這件事。我們必須跟兒童談論神、宣講這個訊息。

　　我們要如何向兒童宣講？這就是本書第二部所談論的內容。在此已足以說明，我們每個人都可以向兒童說，有「那一位」認識他們，並能夠叫出他們的名字，然後兒童會自己墜入愛中。我們已經幫助兒童和神建立關係，同時我們也以僕人的身分，去分享他們親密關係的喜樂。

CHAPTER 2

—●—

幫助你的孩子發展

By Silvana Quattrocchi Montanaro, MD

▶ 旅程的起點：生命教育

對家長與神來說，每個兒童都是重要的人。以下對於兒童成長的省思與建議，可以提供你幫助自己孩子的身心靈發展。[1]

我們先來思考孩子出生之前的生命，在九個月的孕期當中，已經發生了多少事！從一個微小到肉眼不可見的生命開始

---

1. 為了提供本書脈絡中完整對待兒童的方式，席爾瓦娜·蒙塔納羅博士的貢獻不可或缺，必須從生命之初便開始關注，亦即從出生之前直至三歲。本章在作者同意下，篇幅大有精減，若讀者欲深入探討孕期至三歲階段的相關內容，可以參閱蒙塔納羅博士所著之專書《生命中重要的前三年》（及幼出版）。

本章從孩子一生旅程的角度著手論述，因此作者以「孩子」一詞來泛稱處於各個發展階段的兒童，無論是孕期內的胎兒或是出生後的幼兒。在此保留作者對於「孩子」一詞的用法，並在本章中保有一致性。

成長，隨著身體器官的發展與成長，並非只有生理的成長，孩子的心智也同時在發展。從實務的層次來說，當你越能理解孩子的心智，你就越能欣賞並幫助你的孩子發展。

▶ 與孩子一起的所作所為，皆是教育

為了幫助你的孩子在生命初期的發展，你必須知道一些基本知識，其中最先要知道的，是你與孩子一起的所有作為，皆是教育。

每個和孩子相會的片段都是教育的機會，也都是引發珍貴天賦的機會。事實上，透過家長對孩子的每日照顧，傳達了大部分的教育內容，無論是協助進食、幫忙洗澡，或是在陽光普照的日子陪伴孩子到戶外散步。正是透過這些平凡的日常活動，你才能為孩子的內在發展做出貢獻，即使這些內在發展不如孩子的生理發展那麼外顯易見。在這樣的概念中，每個家長都是教育家，因為你正幫助你的孩子發展豐富的潛能，並為孩子的未來發展奠定基礎。

讓我們暫停一下，思考在這個過程中，你又是如何受到幫助來發展你自己的內在豐盛，如同福音書的比喻提到的「塔冷通」（他連得）[2]。每個兒童都有偉大的使命：成長茁壯，並成為最完整的全人。每個人終其一生的使命即是成長為完整的人，

---

2. 編注：原文為 Talent，舊約時代衡量金子或銀子的重量單位，後來引伸為天賦或才能之意。

而在照顧孩子並幫助他們建立生理、心智、情緒與靈性生活的基礎時，我們也得到發展自我潛能的機會。

當我們和孩子在一起時，如果能體會到眼前的孩子是我們的模範，如同基督所說，我們將會發現我們和孩子的關係不只幫助了孩子，也幫助了自己。

▶ 懷孕期與孩子一起的生活

胎兒在子宮內經歷許多快速的發展過程，一切都隱而不顯地發生，甚至在我們還未體察之前，這個小生命於焉存在！

讓我們回顧一些重要的過程，並稍微說明其中一些的重要性。人類身體的所有器官中，大腦的發展最為快速，孩子的大腦與神經系統在懷孕期間急速發展，因為大腦是我們理解自己和外在世界的工具，從生命之初，我們就以大腦和周遭世界建立關係。大腦提供一項關鍵機能──記憶力。經驗儲存於記憶中，大腦則是資訊和經驗的儲藏室，內容與日俱增，因此我邀請你思考下列建議：

- ✦ 細心注意這個在懷孕期間快速成長的小生命，他身體雖小，但心智能力強大。
- ✦ 母親和父親，以及所有和孕婦有接觸的人，也需要盡可能地去感受這個新生命的存在。
- ✦ 成為母親和成為父親都是參與神的計劃，你的孩子要實

現潛能，需要你的幫忙，而這個過程開始於子宮之內。

懷孕期的第二或第三個月開始，孩子的聽覺機制便開始運作，大腦也開始儲存聲音的記憶。

✦ 向孩子傳達環境中發生的事，例如，和你的孩子溝通，不是只有在心裡想著孩子，而是實際地說出來，用言語表達給這個在你體內生長的人類生命。

✦ 向你的孩子說一些詞句、招呼語或唱歌給他聽。出生之後，你的孩子會記得，也就是說你的孩子可能會辨識出家長的聲音、歌曲，或是任何你在孩子出生之前與他們分享的內容。我這裡說「家長」，是因為爸爸的聲音是環境中最常出現的聲音之一，也能夠觸及在子宮內的胎兒。透過覺察這個初始生命，你便開始我所謂的「為生命提供服務」，因為幫助孩子，確確實實是在服務生命。

在懷孕期，胎兒不只能聆聽且聽得仔細，胎兒同時也參與了母親的情緒生命，媽媽感覺開心或不開心，胎兒能夠感受到這些情緒，因為胎兒是積極參與者（而不是被動參與）。人從起初便是一個充滿生命力、理解力且心靈不斷運轉的生命。

✦ 在孩子的生命初期，你可以和他一起讚美神，並為這充滿生命的奇蹟獻上感恩。

✦ 在胎兒的發展逐漸成形之際，體察造物者的獨特設計。

近期的研究指出，從孕期七個月開始，當母親在說話的時候，胎兒的嘴巴也會跟著開闔，也就是說胎兒在複製母親發出來的聲音。知道這點很重要，正如胎兒在子宮內可以聽見聲音、聽見你所聽見的音樂等等，在孕期七個月的時候，當你在說話時，你的孩子也正在和你一起說話。

✦ 花點時間去覺知這個美妙的事實，不單單是當你說話的時候，你的孩子跟著你一起說話，還有當你祈禱的時候，你的孩子也在祈禱；當你正在祈禱時，你的孩子「同你一起」祈禱。

▶ 穿越的時刻：分娩以及產後數週

分娩對母親與胎兒來說都是一個重要的過程，分娩是你和胎兒一起做的工作，而且對於你們雙方都有深刻的意義。當胎兒的發展進入特定的階段，必須要離開子宮，進入更寬大的世界以便繼續成長，便是分娩的時刻。

對母親而言，在這個時刻要將自己的孩子送出，不只是生理上的事情，更是在這個時刻，你必須跟孩子說：「現在是你去看更廣、體驗更多、享受不同生命形式的時刻，我要幫助你向前行。」雖然這代表一個時期的結束，但你們的關係並沒有

結束，而是進入家庭關係的新階段。

產後便是照顧新生兒的特別時段，在這個時期，你和你的孩子會產生一種特別的連結，出生後數週的經驗必須幫助新生兒感受到親密的安全感，讓他因為「同在一起」的喜悅而加深了愛的連結。

你對待孩子的態度，能幫助你辨識出孩子的需求，並向孩子傳達你的投入。

+ 照料新生兒的動作，例如洗澡和更衣，讓你的寶寶感到安心，也因為與你同在而感受到幸福與喜樂。
+ 將照料孩子的日常需求，視為提供孩子與你同在的機會。將每日照顧孩子的任務，視為你和孩子的重要約會。
+ 將每日照顧孩子的重複勞務，視為將你的全心同在與經驗提供給孩子的機會，彷彿你在告訴孩子：「現在我可以與你同在，我可以更認識你，你也可以更認識我，我們便能加深彼此之間的關係。」

產後的六到八週是一個特別的時期，在此期間，母親的存在對嬰兒在子宮內以及子宮外生活的和諧適應，扮演關鍵的角色。在這段期間，母親與嬰孩需要被保護，而當母嬰同在時才真正是相互親密的時刻。

舉例而言，哺乳不只是提供營養而已，你的寶寶正在接受一個非常特別的人的陪伴，這個人是在懷孕期就認識的。哺乳

是相遇的時刻，理想上，哺乳的時候應該是母親（或是即將成為母親的人）與寶寶同在的時刻。

在這幾週當中，為嬰兒而做的每日任務都是親密同在與相互了解的時刻。然而，這不表示要給予過分的關注，僅只於回應孩子的需求。例如：

◆ 當你的寶寶哭泣時，立即查看寶寶的需求，有可能是胃裡有太多空氣，此時要做的只是把寶寶抱直，直到空氣被排出；也有可能只是需要把寶寶抱起來，讓他能四處看看正在發生的事。

有時候，也可能只是你的寶寶需要一些適當的感官刺激。此時，你可以考慮用下列方式回應你的孩子：

◆ 在牆上吊掛彩色的掛飾。
◆ 將你的寶寶放在一個有趣的位置，讓寶寶有東西可以看，或是寶寶能看見你在環境中的移動，這可以幫助你的寶寶知道，雖然你們的身體不見得黏在一起，但還是能夠持續加深你們的關係。
◆ 在哺乳或是抱著寶寶時，看著寶寶並對著寶寶說話，這樣的連結和有品質的陪伴能夠建立更深刻的親密關係。
◆ 有時候，讓孩子能夠看到並聽到你，或是看著周圍的人，或是看著窗外的生命因為季節而變化，就已足夠。

倘若新生兒在產後六到八週能夠得到這種品質的關心，新生兒除了能夠發展出安全感之外，同時也對世界建立了基礎的信任感。

從人類的觀點來看，在這產後數週到數月之間，你所做的事可以幫助你的孩子發展出對生命的信心，這份信心就算在遭遇困難的時刻也一樣。這不只能從心理學的觀點來證實，也可以從宗教的角度來理解。當我們相信神永遠與我們同在時，我們就能有信心，相信神渴望與我們每個人建立關係，且會幫助、陪伴我們走過人生的旅程。

父親的同在

我想要寫一點關於父親的事。在產後期間將重點放在母職照料上，可能會導致一項誤解——對新生兒來說，父親的同在比較不重要。事實上，在兒童的生命初期，父親的同在是非常必要的。

正如必須要有父親的存在，生命才得以開始，父親的角色在這個時期同等重要。家長雙方與孩子的生命一同開始，身為父親，你持續在孩子生命中的每個時刻扮演要角。

以下是幾點值得父親參考的基本建議：

◆ 在妻子懷孕期間支持她，並同享新生命所帶來的喜樂。
   如果你已有所準備，可以在分娩時直接或間接地幫助你

的妻子。當母親和嬰兒回家時，你的同在變得極為重要。

✦ 在你的妻子帶著新生兒回家的這段期間，你可以預先安排休假，這會是明智的決定，這樣你才能一同分享新生命的開始。你的同在是必要的，因為你提供了保護的圍籬給妻兒，為他們阻絕外在的干擾，當他們必須彼此同在時（例如哺乳時），才能成為合一的時刻。父親的育嬰假並不是前所未見的概念，在英國、瑞典、挪威和其他國家，都已認可父親請育嬰假的需求。

✦ 在孩子的生命中，父親與母親同等重要。每天試著和你的寶寶做一些特別的事（例如下班後幫寶寶洗澡），在這些時刻中，你的寶寶會和你建立特別的關係，也會逐漸認識你，這也幫助你們家同享新生命所帶來的喜悅。

▶ 和你的孩子溝通

和你的孩子溝通是最基本的，每個你「為」孩子而做、你「與」孩子一起做的日常活動，都是溝通的機會。從最初開始，你的孩子最渴求的就是與你建立充滿摯愛的關係以及與你的交流，別無他求。你的孩子是一個活生生的人，走在自我建構的旅途上不斷成長，而這個過程的基礎就是孩子與你的交流，以及孩子與環境的互動。在你的孩子學到語言能力之前，會使用許多不同的方式和你溝通。

以下為幾點實務原則：

◆ 新生兒的溝通方式十分不同，他們會十分專注地看著你，他們會微笑或大笑，也會試著將自己的身體朝你移動，這是新生兒想要靠近你時的溝通方式。

◆ 因為新生兒的動作還不協調，你要有點耐性，不要期待他們能夠很快回應。當你試著溝通的時候，你會看到孩子露出愉悅的神情，並且向你回應。

◆ 記得兒童的心智是主動且易於接受的，你的孩子持續不斷地吸收許多事物，這對他們而言很自然且毫不費力，這種特殊的心智特質被稱為「吸收性心智」。既然兒童的心智不間斷地運轉並儲存訊息，那麼你在孩子生命初期所提供的幫助便十分重要，因為這會成為他之後生命的基礎材料。

◆ 試著用一種特定的方法和你的孩子說話：溫柔而充滿敬意。在你和孩子之間，以及在你們伴侶之間，培養互相關懷的關係，這全部都會被孩子吸收，這意味著你的孩子會學到如何與別人建立尊重、溫柔而充滿關懷的關係。

▶ 孩子學習的方式

大腦的任務是接受來自我們內在以及外在世界的資訊，然後運用這些資訊給予回應。大腦具有我們是神的「肖像與模樣」的特徵。你在孩子生命前幾年提供給孩子的協助特別重要，因為在這個時期，他們會用各種不同的方式學習。

　　另外一個我們需要理解的面向是，天主創造的智慧顯現在兒童身上，給予他們獨特的能力，但這些能力只存在於一個特定的時期。兒童的發展階段受到內在敏感度的指引，促使兒童去做特定的活動，也讓兒童從中習得進一步發展所需要的能力，這個特別的時段被稱為「敏感期」[3]。

　　出生之後的幾年內，有三個敏感期：秩序感、動作和語言。我會簡短地說明兒童的這些需求，並提供一些實務的做法，以幫助你的孩子。

▶ 秩序感的需求

　　在兒童出生後的兩年間，對於秩序感有特別強大的需求。兒童需要環境當中的物品盡可能地擁有各自的位置。秩序感同時也讓兒童做好準備去理解空間與時間。我不會過度引用心理學的解釋，但和孩子一起活動時，盡可能遵循相同的空間與時間流程，簡單地說，就是在你和孩子一起做活動時，在哪裡做以及什麼時候做這些活動，都要有一定的程序。

　　要幫助孩子滿足秩序感的需求，其中一個方式就是在同樣的時間和地點，做特定的事：

　　◆ 選擇一個特定的地方讓兒童更衣。如果你選定這個定

---

3. 此段是作者論述幼兒在特別層面的發展，詳細說明可參閱蒙特梭利博士所著之《童年之秘》（*The Secret of Childhood*）。

點，你的孩子看到這個地方的時候，就會知道接下來要發生的事，知道你會跟他講話……等等。這讓你的孩子對生活有確定與安全的感受，規律性能帶給兒童安全感，因為規律讓兒童有時間去理解事情，也讓他們可以注意到空間中的細節，這是很重要的。

◆ 選擇一個哺餵孩子的地方，例如在特定角落的一張椅子上。當你的孩子被你抱在懷裡，看看周圍，這就會成為一個熟悉的地方。然後你的孩子就能從他所生活的環境當中，從人與物的固定關係當中，去建立秩序感，並且逐漸內化為內在秩序。在合適的時期為孩子建立並內化秩序感，孩子將成為一個有能力在自己周遭環境建立秩序的人。

🔳 動作的需求

另外一個重要的敏感期就是動作。就算還在子宮內的時候，雖然子宮是一個小之又小的空間，胎兒仍不斷在動，而且是使用他身體的各個部位動作。

出生之後，兒童需要有機會去發展自主動作，自主動作讓你的孩子能夠實踐他的想法。兒童需要你的幫忙，才能自由地表達他的動作。幫孩子穿衣服，以及你把孩子放在什麼地方，是兩個幫助孩子動作發展的例子。

另外兩個要點是：

✦ 自由的活動並不表示你的孩子可以想去哪就去哪，或想
做什麼就做什麼。而是出生之後，你的孩子需要一個能
夠自由活動的空間（比如矮床，或是在地上放條毯子）。

✦ 尤其是在產後的第一和第二年之間，幫助你的孩子活
動，能建立孩子的自信感，而且當環境的挑戰加大時，
孩子也能夠努力去回應挑戰。

▶ 語言的需求

第三個敏感期是語言。兒童在很短的時間之內學會語言，在
生命中的前兩年，甚至在第一年的末期，他們就幾乎能夠理解所
有你對他們說的話，而他們能達到這樣的成就，是受到吸收性心
智的協助。

兒童聆聽人們對話，將聲音和字詞儲存於大腦中特定的部
位，兒童便能逐漸理解每個聲音和字詞指涉的特定事物。從最初
開始，兒童便逐步儲存語言的聲音和字詞，以便日後做完美的應
用。考量以下幾個簡單的方式來幫助孩子的語言發展：

✦ 在懷孕期間便對著胎兒說話。

✦ 出生之後，跟寶寶說話的時候，要慢慢地說、清楚地
說（小心不要一次講一大串）。

✦ 讓你的孩子看到你所使用的物品，以及你正在做的活
動，為這些物品或活動命名，然後時常重複。

這些是從一開始就可以擴充兒童詞彙和語言的基本方式，讓你的孩子有更多豐富語言，以供他的生命之用。

獨立的一大步：離乳

大約在五到六個月時，你的寶寶已經耗盡在子宮內所儲存的鐵的含量，現在寶寶的消化系統與唾液中也發展出特別的消化酶，以便消化食物。在這個時期，寶寶也開始萌牙，同時也開始能坐和站，並對環境展現出高度的興趣。在這個時候我們要向孩子介紹新的食物種類——因為以下兩個層面，我們說這是新的食物：(1) 這是母乳之外的食物，例如蔬菜、水果和蛋；(2) 進食的方式不同，現在寶寶開始可以咀嚼。

幫助離乳過程有幾個重點：

+ 透過湯匙提供食物，讓你的孩子可以咀嚼並嚐味道。食物的改變也伴隨著進食方式的改變。
+ 提供這些新的食物時，讓孩子坐在你的對面，你們可以彼此相視，這幫助你的孩子理解你們之間的關係也有所改變。坐在桌子前的能力，讓寶寶展現了一個不同的「自我」，這同時也是面對面關係的開始，而這種面對面的關係即是日後兒童和他人關係的形式。
+ 享用固體食物需要兒童更主動的參與，慢慢幫助你的孩子自己進食（並以自己的步調進食），例如把食物切小

塊，讓你的孩子可以自己用手拿，或用湯匙舀，這幫助你的孩子能夠更加獨立，並體會到「我可以自己做」。

✦ 幫助你的孩子用小玻璃杯喝水，信任你的寶寶可以做到，而且可以做得很好。

兒童享受這種新的進食方式，因為他們看到這是你進食和飲水的方式，而他們想要用和你一樣的方式進食。

▶ 幫助我，讓我自己做

幫助孩子讓他們能夠自己努力成長，是一種真實的服務。兒童深切的渴求是「請幫助我，讓我自己做」，你可以透過以下簡單的方式，來回應孩子的請求：

✦ 只做必要的事，因為你的孩子會很快地成長，並且每日都能做得更多一點。

✦ 向你的孩子示範如何做，然後協助孩子自己做。

思考一下神邀請我們合作的方式。比起兒童和我們的關係，我們在和神的關係中更依賴神，然而神將我們放在受造物的中心位置，給我們整個世界，然後說：「這些都當為你所用，做你能做的事，負責並睿智地使用。」神邀請我們在宇宙中成為祂的合作者。

從這個角度去回顧你和孩子的關係，你的態度就會轉變為你是在接待一個重要的人（你的孩子當然是重要之人），他擁有偉大的潛力，需要你的協助以發展潛能，而透過幫助你的孩子發展他的內在豐富潛能，你也成為了神的合作者，幫助孩子的建構。你可以：

+ 不只是「為」孩子做，而是幫助孩子「同」你一起做。
+ 邀請孩子一起合作，直到你看到孩子不再需要幫助就能自己做。
+ 退開一步，讓孩子有更多空間做自己的事（因為這正是你鼓勵孩子去達成的目標）。

▶ 進階的動作發展

動作提供兒童與環境、與環境中的人互動的方法，協調性的動作有其心理學上的重要性，透過它，能讓兒童更為獨立、有自尊，並且在生命中得到積極的契機。對兒童來說，獨立代表「我可以做我要做的事，我可以不倚賴他人而接觸到我想要的人事物」。獨立是兒童珍貴的經驗，兒童彷彿在說「我可以解決我自己的問題」（創造出自我價值感）而且「這為我帶來安全感」（這是對自己的基礎信任感）。

因此，試著幫助你的孩子使用他正在發展的技能，幫助他使用任何新學會的能力，或是任何他展現出可以表達獨立性的

方式，例如：

◆ 在洗澡時，提供孩子小海綿或是小毛巾，讓你的孩子自
  己洗澡。透過這個方式，你正在建立一種你與孩子共同
  工作的氣氛，你的孩子變成主動的參與者。

這種性質的親子合作方式，就連更小的孩子也都能做到，
例如：

◆ 當你幫孩子穿衣服時，說「給我你的手」或「把腳放進
  來」，你的孩子會比你想像得更快能夠理解。
◆ 鼓勵你的孩子做他能做到的，如此便能滋養孩子的自信
  與生命中的喜悅。

透過這種方式，不單只有你的孩子得到發展，孩子在與你
的關係中，也會更樂於合作。

▶ 成長中的兒童：三到六歲

三到六歲的階段中，你的孩子會精進已經習得的能力，並
擴張他對世界、對他人、對自我的知識與經驗。讓我們簡短地
省思這個階段的三個特點以及相關考量。

首先，在三到六歲的階段中，你的孩子還是渴望和你一起

做事，從實務的角度來說，可以參考以下的建議：

- 幫助你成長中的孩子參與個人生活與家庭生活中的活動：洗澡、著裝、預備食物、準備餐桌，以及所有你的孩子有能力做到的事。
- 提供更多文化活動的機會：提供孩子關於這些活動的簡短解釋，並鼓勵孩子主動參與這些活動。
- 當你和孩子在一起的時候，試著保持耐心，並將速度放慢。幫助你的孩子發展，這便是教育的目的，這無法一蹴可幾。

第二個特點是這時期的兒童開始進入文化的敏感期。你的孩子已經預備好接觸超越家庭之外、更廣泛的文化經驗，可以開始上學，但無論你的孩子是否上學，孩子都需要你的幫助，以便發展並豐富他的潛能。做到這一點有兩個基本的方法：持續邀請孩子參與家庭內的活動，以及給你的孩子日益增加的空間來做自己的活動。

這個階段的第三個特點，是兒童生命中的里程碑開始了新的追尋：你的孩子想要知道所有事情的原因。以下有幾點實務上的應用供你參考：

- 以清楚而直指核心的方式來回應兒童的求知欲。
- 準備好回答困難的問題（孩子可能會提出關於死亡的問

題）並試著找到適合的回應方式。

✦ 深入思考你想傳達給孩子的價值觀（以回應兒童對於真理求知的權力），要「變成如同小孩子一樣」。

我們已討論過一些幫助你的孩子發展潛能的基本方法，你的同在非常珍貴，每天與你的孩子在一起，就能在孩子的生命中結出偉大的果實。在性格養成的幾年當中，你對孩子所做的小小幫助，將會持續對孩子成長有深遠的影響。你的幫助能讓你的孩子成為有能力做事的人、對家庭與社會有歸屬感的人、以正面進取的方式看待生命的人。你的孩子將成為一位會讚美神、感謝生命的禮物的人，並為了自己個人的成長、也為了整體人類的成長而發揮自己的生命。

藉由省思這些發展因素，我們看到兒童邀請我們內觀自己，以便更理解我們自己與我們的世界。這就是兒童如何引領我們一同走上個人成長的道路，並提供我們寶貴的機會去發現或找回我們隱藏的才能，正如福音書中所載。我相信，因為這個原因，耶穌才把兒童放在我們面前，作為我們的模範，也藉由兒童，提供我們一個參與天國的機會。

CHAPTER 3

實際操作前的建議

By Gianna Gobbi

在這一章當中，我會就兒童的宗教發展，為家長、老師和教理老師，提供一些實務的建議。讓我們先從環境的重要性開始來談，生命要能發展，環境扮演著重要的角色。

▶ 環境的重要性

「環境」一詞有好幾個意思，其中一個是環繞於我們身邊的一切：地球和宇宙。所有的生物體，無論是動物還是植物，都需要有一個特別的生物環境，例如海洋、山、沙漠等，這些自然環境為每個物種的特定需求提供生命支持系統，例如魚不能離水而活。然而，我們人類卻能夠適應各種生物環境。

我們還需要另一種環境，來發展生命中的社交、道德與文化元素。我們的第一個環境便是家庭，家庭是我們的主要環境，然後才是學校和其他機構。滋養我們宗教生活的環境，便是信仰團體——也就是教會。因為目的、在其中發生的活動不同，每個環境自然也會有所不同。

▶ 兒童的支持系統

當代教育強調環境在兒童養成過程的重要性，基本上，如果環境能夠回應兒童的需求，這的確能為兒童發展帶來幫助。

思考一下，環境中最重要的組成成分是人。你是孩子的支持系統中最重要的元素，這也包括你所選擇與安排的家具和物品，我們必須要有所覺知，這些物品是孩子的教育工具。

從這方面而言，我們會說明如何預備環境、如何預備適合兒童年齡的工具，以便回應兒童的需求，而這些需求會隨著兒童經歷不同的發展階段而改變。首先，我們提供一些關於環境的建議，讓家長可以為自己六歲以下的孩子預備家裡的環境，然後我們會再說明針對兒童的宗教教育需要設置怎樣的環境。

▶ 家庭中的兒童

整體環境

在預備一個能夠回應幼兒特定需求的環境時，要謹記於心

的重要元素有：(1) 動作；(2) 語言；以及 (3) 秩序感。因為新生兒對這三個元素有特別的敏感度，以便發展和習得這些能力。

針對這幾個基礎面向，有幾點建議：

◆ 一張夠大的床或嬰兒床，才不會阻擋嬰兒對環境的視線。
◆ 在床邊掛一組彩色的吊飾（風格化的形式，如魚、鳥等）以吸引兒童的注意力，並刺激手的動作。

在為你的孩子選擇玩具時，要記得，並不是所有的玩具都適合幼兒的真實需求和興趣，試著選擇必要或是有用的玩具，以幫助你的孩子發展手部動作。在你自己的家中，就有許多能夠提供給兒童的活動，找一些適合你的孩子年齡的物品，如果你的孩子年紀稍大，你可以就下列例子而做些調整：

◆ 準備一些小盒子，讓孩子打開、關上。
◆ 準備小容器，裡面裝小石子或其他物品，讓兒童搖晃而產生聲音。

在使用這些物品時，兒童能發展動作能力，以及抓握和取物的手指動作能力，同時也刺激兒童的聽覺。有幾個能夠幫助兒童發展動作和語言的建議：

◆ 在成人所在的房間中，在地上放一條毛毯，把你的寶寶

放在毛毯上，這樣寶寶在毛毯上就能得到最大幅度的動作機會。很快地你就會看到你的寶寶用肚子撐地，並在原地打轉，試圖要移動、爬行、翻身，以便能夠嫻熟地使用自己的身體。你的孩子能夠觀察你的動作，同時也能熟悉人類語言的聲音，並學習如何發出這些聲音。

✦ 當照料你的孩子時，說出你正在使用的物品名稱，以及你正在做的動作，用正確的發音重複說出名稱，試著清楚而緩慢地說出。

✦ 你可以安排一張矮床，而且是沒有圍欄的那種（就只有一張床墊），讓你的孩子在預備好時，能夠自由地爬上床和爬下床。

兩點重要的提醒：

✦ 記得，尊重家庭環境中物品的秩序是很重要的，當你在照料你的寶寶時所做的活動，例如餵食或更衣，要在同樣的地點進行。這不只是因為衛生的重要，更是因為寶寶需要看到物品放在其歸屬的位置，以便能夠為自己建立參照點，這些參照點提供兒童在環境中的定位，讓你的寶寶能夠建構並內化秩序感。

✦ 當離乳的過程在約五到六個月左右開始時，你的孩子可以坐在矮桌前用餐，乳汁以外的其他食物要用湯匙餵食（現在你的孩子已經有咀嚼的能力，並且能夠品嚐

食物的味道，這點就變得很重要）。這些都是簡單的方法，可以幫助你的孩子開始獨立之路。

在孩子六到七個月左右，你可以幫助你的孩子在動作發展上的進程：

✦ 在環境中放一張厚重的凳子或矮桌，你的寶寶可以藉此支持自己站立和行走，而不需要你的協助。你可能會很驚訝地發現這些簡單的物品，如床、桌子或椅子，可以讓你的孩子增進動作能力，同時也能讓你的孩子獨立又主動。

✦ 在這個階段，如果你能夠接受，允許你的寶寶自由地在家中爬行（試著不要太擔心孩子會弄髒身體），並且上下樓梯（你在一旁觀看著）。

✦ 隨著孩子的成長，家庭環境持續提供兒童許多發展與獨立的機會，尤其是當你邀請兒童和你一起做事，例如幫忙準備食物、擺設餐桌和其他日常活動，並慢慢增加任何適合的活動，這能幫助兒童的成長需求，以及心智（或是理智）上的發展。

宗教環境

我們生命中的每個面向，包括我們的宗教生活，都需要有個賴以生存的環境。在家庭環境的脈絡下，甚至在你的寶寶能

夠坐立或自行移動之前,有幾個基本的方式,可以幫助滋養兒童的宗教生活:

- ✦ 在嬰兒床附近擺放一張聖像,例如復活的耶穌,或是聖母和耶穌嬰孩,並向你的孩子指出這張聖像(例如喬托或安基利柯[1]的作品,其畫作的莊嚴感和設計之美,皆很適合)。
- ✦ 當你在做神聖的手勢時,邀請孩子觀看或聆聽,例如在飯前祈禱時畫十字聖號。緩慢並安靜地用十字聖號來祝福自己,其他時候則可以用言詞感謝神。
- ✦ 在你照料完孩子的生理需要時,用十字聖號來祝福你的孩子。
- ✦ 在早晨或傍晚時,於寶寶的嬰兒床旁邊祈禱;在哺乳或寶寶進食時,輕聲唱歌。

當你的孩子長大一點,你可以考慮在孩子的臥室準備一個祈禱的角落(如果可能的話),或是選擇家裡的另一個空間。祈禱角落可以放置:

- ✦ 一張兒童尺寸的桌子、五斗櫃或開架櫃。

---

1. 編注:喬托(Giotto di Bondone, 1267-1337)為義大利著名畫家與建築師,被譽為「歐洲繪畫之父」。安基利柯修士(Fra Angelico, 1395-1455)是義大利文藝復興早期的修士畫家。

✦ 一尊優美的態像（最好是可以看到整個形狀的立體態像）。

✦ 一或兩根蠟燭（如果你想要，可以用有燭台的小蠟燭）。

✦ 一張小地毯或跪墊以供跪或坐。

傍晚時，你（或是孩童的照顧者）可以邀請兄姊前來，一起安靜片刻。這個時刻可以簡短地祈禱或唱首歌，或是重複數次，這會成為每天晚上你的孩子期待並喜愛的儀式。

另一個建議則是向你的孩子介紹教堂的環境，有幾個原則需要謹記：

✦ 當你帶孩子去參觀時，給你的孩子足夠的時間去觀察環境中的人事物。

✦ 當孩子能夠走路時，讓孩子有機會和你一起探索環境。

✦ 當你去教堂參加彌撒（禮拜）或慶典時，幫助你的孩子看見人，並且能夠近距離看見主禮的動作。

▶ 特別的地點：學校與教會的環境

在教會或學校中，可以預備一個單獨的空間，用來作為兒童宗教教育的環境，一個特別為了靈性培養而設立的空間。

就像其他的教育環境一樣，這個空間要能透過鼓勵和尊重兒童自己的活動，來為兒童的獨立和動作發展提供協助。這個

空間（就像教室的一部分）有自己的特點：(1) 它不同於教室，因為這個空間的氛圍是幫助兒童聆聽基督宗教訊息，並依照兒童自己的步調，去默想和經驗這些信仰真相，而兒童的步調與成人大不相同。(2) 這個空間也不同於教堂，因為這裡並不只是宣講天主聖言之所，同時也是兒童投入自己活動之處。這個空間是兒童得以透過默想與祈禱的態度來從事活動的環境。

　　無論是堂區教會或是學校建築中的一個房間，或是教室中的一角，預備環境時還包括選取適合的教具，以及家具的擺設，協助建立一個適合這種特殊活動的氛圍。

　　從避靜靈修中心的角度來思考，藉由一些外在元素的幫助，讓兒童能夠專注與默想。在避靜中心裡，我們會發現一些不同的方式來幫助我們更沉穩與專注，例如書籍、影片和其他元素，在這樣的環境中，尤其是透過某些教具的協助，兒童也能得到幫助。

　　如果你對準備這樣一個空間有興趣的話，下列幾點或許會有幫助：

- ✦ 家具必須要能夠回應兒童當下發展階段的需求（矮桌、容易搬動等）。
- ✦ 物品與家具必須要適合兒童能力的尺寸與重量，如此一來，兒童才能自由地移動、入座、輕易起身，並依據教具設計的目的去移動和使用物品。

在這樣的空間中，有一個特點，即是祈禱區。祈禱區可以在家中或是教室中設置，祈禱桌的形式和活動可能包括如下：

◆ 祈禱區需要你和兒童的特別照料。

◆ 在兒童容易使用的區域放一張櫃子或是祈禱桌。

◆ 兒童可以自己照顧這個區域，也可以自行裝飾。邀請兒童在桌子上鋪一張彩色桌布，掛上垂簾，並選擇一尊放在祈禱桌上的態像。桌布、垂簾和態像要依照教會的禮儀而改變顏色（將臨期和四旬期間是紫色，聖誕節和復活節是白色，慶典之間的常年期是綠色，聖神降臨節則是紅色等）。

◆ 兒童可以插花、照顧花和蠟燭。

◆ 放一座小跪臺或是跪墊，協助兒童保持祈禱式的默想。

◆ 每個禮儀節期的開始都是一個慶祝的機會，在相關的歌曲和祈禱中，邀請兒童來改變桌布的顏色和態像。在創造適合祈禱的氛圍時，將燈調暗，如此可以強調燭光，這在燭光禮（復活節守夜禮之一）的慶典時尤其重要。

如果你的空間夠大，其他的建議包括：

◆ 房間的一角可以放置「聖洗聖事」（洗禮）相關的教具，另一區則可以放「聖體聖事」（聖餐禮）相關的教具。這些教具包括一個縮小的聖洗盆模型，以及小於兒童尺寸

的祭台模型。同時，相關的物品也會依據比例而縮小尺寸，例如聖洗活動的裝水盆和聖油瓶，以及在聖體活動中的祭台器皿，和禮儀顏色活動的相關物品。

✦ 另一個區域可以放置地理教具，例如不同形式的以色列地圖，用於強調基督生平的幾個重要地點，例如：納匝肋（拿撒勒），降生成人的領報之地；白冷城（伯利恆），耶穌的誕生地；耶路撒冷，復活之地。

無論你的環境是否設置在教室或家中，也無論是在教會或學校的獨立空間裡，在這個空間中的宗教經驗，是透過兒童在每日生活當中的省思默想中形成的。最重要的是，兒童在這個空間的經驗，是為了預備兒童更積極地參與教會中的生活，尤其是當信友們聚集領受聖體與其他慶典時。

▶ 關於教具

這裡所討論的教理教具，基本上是：

1. **設計的初衷**：是要讓兒童操作，而不是成人的教學道具。這些教具的目的是為了幫助兒童的默想與祈禱。

2. **設計的方式**：是要引導兒童的感官動作之投入，並吸引兒童的興趣。教具以具體的方式（木頭、石膏、布料等材質製成）展現聖經和禮儀的主題，並幫助兒童能夠各自內化我們呈現的內容。

▶ 向兒童示範教具

以下幾點是與教理教具相關的原則，以及我們要如何幫助兒童使用教具：

✦ 教具呈現聖經或禮儀的主題。在與兒童一同默想主題之後，向兒童示範與主題相關的教具及如何使用這些教具。

✦ 示範之後，教具會放在房間中特定的位置，讓兒童隨時想要使用時可以拿出來操作。兒童可以在不需要你直接的協助之下，自行操作教具，也就是說，這時才是兒童內化你所宣講的天主聖言的時刻。

✦ 在兒童接受過如何使用教具的示範（以及教具放置之處）之後，兒童就能自由地選擇他想要操作的教具，因為這些教具回應了兒童在此發展階段的需求。

✦ 兒童可能會重複同樣的活動，依其內在需要而重複數次，兒童在操作時可能會展現出高度的專注力。這就是兒童自己的工作，和空間中所呈現的平靜氛圍的互動下，所結出的果實。

✦ 接納兒童可能會持續一段時間只操作一個特定教具的狀況。在這種時刻，兒童正在吸收與內化這個教具所傳達的基督宗教訊息。

必須要提出說明的重點是，向兒童示範教具的方法是保有

彈性的，示範的順序可以調整，而教具的用途是服務天主聖言與兒童。或許，用總結的方式來澄清步驟會比較有幫助，這裡用比喻的教具示範來做例子：

- 在聚集兒童並幫助他們坐定之後，我們開始介紹經文，說明經文中要探討的主題，理想上，提出一個能夠引起兒童動機和興趣的問題，以鼓舞兒童更專注地聆聽經文。例如，在介紹天國的比喻時，我們可能會說：「當耶穌長大的時候，他開始在以色列各地旅行，並分享神和天國的寶貴秘密。我在想，他說的『天國』是什麼意思？天國是什麼樣子？讓我們來聽聽在聖經中，耶穌是怎麼說天國的。」
- 恭讀聖經（閱讀經文時點燃蠟燭，能夠為兒童強調讀經的莊嚴與重要）。
- 藉由幾個默想式（開放式）的問題來默想剛剛聽到的內容，例如：耶穌告訴我們天國像什麼呢？小芥子（或珍珠、酵母等等）是怎麼樣的呢？我在想，他想要我們知道天國的什麼事？
- 向兒童介紹個別操作的教具，在示範之後，讓兒童能夠持續他的默想。進行的時候包括重讀經文（或讀部分經文），但這次是讀聖經小冊中的經文，讓兒童能夠看到聖言與操作教具之間的連結。
- 持續默想、享受，並以祈禱來回應信息。

▶ 給兒童和我們的喜訊

> 那傳佈喜訊，宣佈和平，傳報佳音……的腳步，在山上是多麼美麗啊！（依撒意亞／以賽亞書52:7）

這篇簡短的章節，將重點放在兩個能夠幫助兒童宗教發展的方法上。無論你是以家長、教師或教理老師的身分來陪伴兒童的宗教旅程，你都是：

◆ 你在宗教教育中扮演必要的角色，尤其是當你宣講天主聖言時。
◆ 你所準備的環境與教具，在服事兒童的事工上也有同等的重要性。

在這個過程中，有時候我們必須要退到一旁，用間接的方式支持兒童，並容許天主聖言在兒童與神的單獨對話中做工。這需要細緻的注意力，在兒童需要時給予協助，並以邀請兒童自行回應的方式來回應兒童的需要。

如此，我們得以放心，因為環境與教具也在幫助「我們」。環境與教具提供服事兒童的工具，讓我們保持虔敬，也幫助我們尊敬兒童的尊嚴，同時鼓勵兒童進行自己的活動。最為重要的是，我們在旅途中能夠帶著極大的信心前行，因為「祂能照祂在我們身上所發揮的德能，成就一切，遠超我們所求所想

的」（厄弗所書／以弗所書3:20）。

　　最後，向兒童示範如何將教具歸回在善牧小室中的位置，並邀請他們自行操作教具。

PART TWO
實作篇

CHAPTER 4

—— • ——

滋養孩子的泉源

By Sofia Cavalletti, Patricia Coulter, Rebekah Rojcewicz

本書的第二部將會細緻地討論基督宗教最本質的要點，以及在向兒童傳達基督宗教要點時的細節。在開始之前，要先澄清幾個原則以及具體層面的挑戰——「做什麼」與「怎麼做」，這能夠幫助我們建立基礎。

▶ 和兒童談論神

首先，我們知道我們無法盡訴關於神的一切。要跟兒童談論神時，我們可能會感到無能，有時候我們可能連談都不想談，因為害怕會犯錯。然而這並不是可行的解決之道，而且「避而不談」本身可能就是一個錯誤。

▶ 內容的問題：要說什麼？

天主教傳統提供豐富的智庫供我們取用，因此在內容上，我們有豐富的資源可以使用：聖經、禮儀，以及教會訓導。如果我們忠於這些內容，我們的基礎就已穩固。

▶ 方法的選擇：要怎麼說？

其次，我們採用的方法也是一個問題，我們如何和孩童談論神？選擇適合的方法是重要的關鍵，因為我們選用的方法可能為我們與兒童提供幫助，但也可能形成阻礙。如果選擇的方法適合我們要傳達的訊息內容，我們就是選擇了一個與訊息相稱的載體，若非如此，就會冒上扭曲內容的風險。

▶ 召喚我們進入親密關係

在選擇方法時，我們有兩個憂慮之處，第一個憂慮之處需要簡短的歷史背景來說明。

在過去千年間，大致的神學思考都著重於抽象與理智上的思考，因此教理內容通常捨棄形象化的描述語言，而以神學的定義或解釋來取代。在這樣的情況下，通常訊息都已受到定義或解釋，並且是單以定論式的觀點呈現給兒童。因此，這個宗教訓練的形式僅止於灌輸抽象資訊。

這就是為什麼找到一個相稱的方式來承載宗教訊息會如此重要，這個方法要能傳達訊息，而不是限制訊息的內容，尤其是我們要傳達的是無限的神之奧秘，向我們揭示其無窮盡的豐盛泉源。若望（約翰）福音書的結語這麼說：「耶穌所行的還有許多別的事；假使要一一寫出來，我想所要寫的書，連這世界也容不下。」（若望／約翰福音21:25）

第二個憂慮之處則是在於，要找到一個能夠幫助兒童會見「這位神」的方法。如果教理的目的是使兒童「不只與耶穌基督接觸，更要與祂合一及親密交往」[1]，那麼我們要選擇什麼方法，才能達到這個目的，又能夠避免把我們自己和我們的經驗介入於神和兒童之間呢？

我們被邀請去應證「耶穌的奧秘之言」：「我所傳授與你們的，是我從主接受的。」[2]就連耶穌都說這不是他自己講的話，可見對於天主聖言的臨在，我們需要多大的敬重！因此我們需要一個方法，來確保教理工作要求我們的客觀性，也確保我們不會用自己的言語遮蔽了神的聖言。

▶ 標記的力量與意義

聖經和教會傳統提供我們一個方法，來回應這個合一的召喚：標記的方法。在我們的脈絡中，標記代表什麼意思？標記

1.《論現時代的教理講授》，卷5。
2.《論現時代的教理講授》，卷6。

是由視覺可見的元素所組成，並指向超越我們感官覺知範圍的事實。聖奧斯定對標記的說明是：「你看見一個事物，你透過它領會另一個事物。」我們見到光、餅、酒，而透過這些物件，我們逐漸領會神的禮物、神的臨在，並將之內化。

標記象徵著我們感官覺知之外的事實，也就是超越人的感官所能覺知的真實。標記並不會限制我們的觀點，反而會打開對未來的探索之門。

雖然標記是透過視覺可見的元素來代表，卻不受困於這些元素當中，這個特點讓標記更能與訊息的宣講相稱。標記不會侷限信息的內容，同時能夠邀請兒童接受基督宗教訊息，並尊重兒童仍在發展中的深入洞察奧秘的能力。

▶ 標記是驚奇的來源

雖然標記本身很樸素，卻提供我們通往無窮盡又豐盛的基

督奧秘之途,因此我們可以說,標記的特點即是「蘊藏豐盛的貧窮」(poverty containing great richness)。

注視標記的人常體會到,無論他已透過標記得到什麼樣的體驗,標記都還有另一層次的涵意,層層堆疊,其豐富性永無止境。專注默想標記的人,看見真相的驚奇(Wonder)感受將會不斷地擴大。

驚奇是人類靈性及宗教生活中的主要動力,是一切知識理解的基礎。就算在古代也一樣,柏拉圖說:「哲學除了驚奇之外,沒有別的開端。」(見《泰阿泰德》),驚奇讓我們知道,我們永遠無法全然理解我們所處的現實。

▶ 兒童驚奇的能力

驚奇的特質尤見於兒童,在幼童的靈性中,驚奇是需要滋養蘊育的寶藏。

驚奇同時也像花朵一樣,需要特殊的氣候條件才能綻放而不至枯萎,驚奇所需的氣候條件,是能夠稍微暫停,在真相上沉思,因為驚奇並不屬於那些膚淺或匆促的人,而是我們內在靈性默觀的產物。

兒童擁有強大的能力,能夠暫停和沉思、默想事物的意涵。當我們宣講基督宗教訊息時,要給兒童有機會省思與默想,這能為他們帶來幫助。透過將兒童的注意力聚焦於一個主題上,我們提供兒童停頓與靜定的機會,如果我們太常或太快

改變他們的焦點,他們的防衛機制就會啟動,通常以冷漠的表現作為回應。如果我們未能提供兒童慢下來或寧靜地沉思,那一切事物看起來將會過於相似,兒童也會失去興趣。

因此,當我們藉由標記向兒童介紹宗教真相時,我們必須從容以對,也要給予兒童同等的從容。兒童必須要有足夠的時間去凝視標記,以看見標記最深刻的厚度,因為標記向兒童、也向我們緩慢地揭示其無窮盡的富藏。

整個世界以及世界中的所有人事物,皆是神的標記,告知我們關於神的訊息,也幫助我們認識神[3]。這些是基本標記,在基督宗教傳統中,另外還有具關鍵性的其他標記:水、餅、酒,這些是最重要的幾項標記,這些標記和基督信仰有特殊的關連。我們向兒童介紹這些聖經與禮儀中的標記,以此幫助兒童讀懂標記的豐富意涵,這對兒童宗教養成是多麼奇妙的貢獻!而在其中,比喻是最佳的方法之一。

▶ 比喻

在聖經的標記當中,「比喻」有著獨特的一席之地,是耶穌教誨人們的方法(馬爾谷/馬可福音4:34)。就像標記一樣,比喻指的不只是一個事件的表相,例如比喻的內容可能是在講做麵包的婦女,但比喻的目標卻是在向我們介紹天國。

---

3. 參閱第7章〈生命的奧秘:示範天國的比喻〉。

比喻通常有兩個層次：一層來自於日常生活，另一層則來自超越的真相。這兩個層次就像是兩條軌道，引導著我們的默想，幫助我們走得更遠更深入。比喻的情節或事件有如房屋的前門，在門之後有數個充滿寶藏的房間，我們必須要緩慢、放輕腳步，帶著崇敬之心進入這些房間。

▶ 向兒童提供寶藏

我們所說的「靈性」是這樣的：如同供給兒童寶藏一般，我們將比喻供給兒童，讓比喻能深植於兒童內心，讓兒童能夠時時提取，但是兒童要怎樣提取、何時提取，我們無從得知（馬爾谷福音4:27）。以下是幾點輔助的原則：

◆ 幫助兒童保持身體靜止不動，簡短地向他們介紹聖經主題，藉此邀請兒童進入聆聽的情況。跟兒童說當我們聆聽的時候，就能發現其中的秘密。

◆ 恭讀聖經，和兒童一起專注地聆聽。

◆ 提供兒童一些省思的要點（與他們一起驚奇的方式），促發兒童自己對於比喻的回應。兒童的回應通常呈現平穩和默觀的狀態，相較於兒童的工作，這類回應必須要透過兒童的面部和身體表情，我們才能略窺一二。

◆ 這些省思的要點，是為了喚起兒童與「我們」的個人默想。例如在善牧（好牧人）的比喻中，和孩童一同默想：

> 「善牧是如何照顧他的羊的？……他知道羊的名字……你
> 認為這些羊是誰？」

◆ 當我們和孩童一起用這種方式默想時，不要期待兒童很
  快給出回應。如果是個人化且深刻的回應，那就會需要
  一點時間，讓這些回應浮出表面。重點在於幫助兒童體
  會到，在比喻中有無限值得我們發掘之事，只有當我們
  帶著比喻生活，才能真正地進入比喻的富足當中。

經驗告訴我們，當我們如此示範比喻時，比喻在兒童的靈
性生活中，就會像酵母一樣發酵，並鼓勵孩童更完整地體會比
喻的意涵。

▶ 給我們的禮物

當我們和孩童一起討論神時，必須要謹記，我們所宣講的
訊息，不是只有宣講給孩童而已，也是為我們自己宣講。兒童
在聆聽天主聖言時，必須對這個新事物有所認識與體會，但這
對我們也是同等重要。我們必須要有機會更深入探查平時只處
於生命表面的事物，這樣一來，我們與神相會的經驗才能更生
動，而訊息也才能在我們內心保持其「生活的、有效力的」特
質（希伯來書4:12）。

然而，要宣講天主聖言，並不表示要由專家來做，只需要
以一種特定的方式來服事神和兒童便足矣。這樣的服事方式並

不會改變我們在面對天主聖言時所保有的習慣：用一種開放的態度，懷著喜樂、驚奇與感恩之情，來面對一份偉大的禮物向我們揭示自身的奧妙。

把我們自己放在「與」孩童一起聆聽天主聖言的位置，對我們而言也是鼓舞人心的經驗。通常孩童很輕易地就能幫助我們一同進入驚奇與敬拜的狀態，並幫助我們重新看見基督宗教訊息的特定面向，讓我們內在的生命之泉豐富湧動。感謝兒童，他們與神的關係的喜樂感受，也會存留於我們心中，這也能夠幫助我們清除舊有宗教培育形式中，仍然殘存於心的某種晦澀情緒。

和他人一同聆聽聖經是豐富人心的經驗，和孩童一起聆聽聖言更是如此，因為天主聖言會打動我心。但先決條件是，我們必須敞開地聆聽，並記得只複述我們所聽到的話語。

CHAPTER 5

———— • ————

善牧（好牧人）耶穌

By Sofia Cavalletti, Patricia Coulter, Rebekah Rojcewicz

基督是神最完整的表徵，所以當我們和兒童談論神的愛時，我們圍繞著耶穌這個人，也特別將焦點放在耶穌作為善牧這一點上，並使用兩則比喻。

▶ 依名字得召喚

首先是在〈若望福音〉（約翰福音）第10章的「善牧」比喻。這個比喻的主題是牧羊人的召喚，以及聆聽此聲音的羊，這則比喻向兒童介紹「盟約關係」的真相。盟約是聖經的核心主題：神尋找我們，以及我們對神主動追尋的回應。

比喻中最讓兒童驚訝的是牧羊人認識他的羊，並能叫出羊

的名字，這彰顯了「善牧」和我們每一個人的個別關係。

同時，這比喻也創造了對他人的開放性，與「善牧」的關係是個人的，也是團體的，因為這個關係從「母胎」發展到「羊棧」。這常見於兒童的圖畫之中，顯示出牧羊人召叫著不同的名字，在一些兒童的畫作中，每隻羊都標著名字。五歲的蘿拉寫道：「我愛牧羊人，我也愛羊。」

▶「只為了我」

第二個比喻則是〈路加福音〉第15章的「亡羊」（迷失的羊）比喻，「尋找迷羊的牧羊人」的形象對兒童帶來很大的影響，對幼小的孩童來說，這則比喻再次證實了「善牧」無盡的愛。

在尋回迷羊的比喻中，兒童找到他們最渴求的個人化的親

密關係。一個墨西哥的男孩阿方索因為疾病而不被自己的家人接受，他高聲呼喊：「祂只為了我！祂只為了我！」尤其當兒童處於苦痛的處境中，他們更能認同「善牧」懷中抱著、肩上扛著的羊。從那些因為重病而住院的兒童圖畫中，可見到他們將羊的比例畫得更大。

兒童需要保護性的愛，而且他們渴求關係與親密感，同時也是在這個階段，兒童依照他們所經驗的關係而塑造他們的性格，以上兩則比喻滿足了兒童最基本的需求。

「善牧」的形象深深地在孩童心中引起共鳴，並讓孩童回憶起在母胎中的親密感與安全感，這常見於兒童的文字表達與圖畫中，比喻的訊息十分強大，可以幫助兒童再次體驗失去的平安，以下是一位同事的經驗：

地點：俄亥俄州，克里芙蘭。

麥克大約在三歲半時來到我們的蒙特梭利學校，他有大大的藍眼睛、甜美的笑容，以及令人喜愛的性格。他對學校和老師已經很熟悉，因為他的哥哥也在同一個學校，在入學前就常陪哥哥一起上學，有時候也會進來參觀一下。麥克的家庭充滿愛和溫暖，所以我們期待麥克入學時一切平順，他似乎渴望入學，而我們也熱切期待著他。

麥克入學的狀況卻不如預期，事實上，如有暴風。在新生說明會時，因為母親在場，所以他很冷靜，但當麥克必須要獨自在校時，便產生很大的問題。他每天都哭，有時候一到校

就哭，有時候會進到學校後才哭。一開始班上的同學都很擔心他，他們會來告訴我：「麥克在哭！」那意思好像是：「你要做點什麼。」

幾週之後，情況有所改變。大家的反應逐漸變成：「噢，不會吧！麥克又在哭了！」同時，我把百寶箱中能夠幫助兒童處理分離焦慮的各項技能都試過一輪，但沒有什麼用處。我每天都跟麥克的媽媽討論可能的原因，有可能是因為家庭因素——爸爸的工作狀況艱難、有一個和他很親近的阿姨病危等等。

我們認為可能這一切對他而言太過沉重，這時我想起「善牧」比喻，但這對麥克來說會不會太早？三歲的孩子當然不會知道他們就是羊，但是向麥克介紹善牧比喻對我有什麼損失？於是我決定向麥克介紹善牧比喻和相關的教具。

隔天我告訴麥克，我有一個特別的東西要給他看，我把他帶到教室的一個角落，在那裡向他示範善牧比喻。很難想像在示範當中麥克變得有多投入，令我大為吃驚的是我並沒有做什麼，麥克卻知道他就是羊。

那一天，麥克完全沒哭。我彷彿見證了奇蹟發生，當麥克的媽媽來接他的時候，我們在外面的操場上，我向她表示今天麥克很好，麥克衝到他媽媽前面說：「媽媽！媽媽！我今天沒有哭！」他的媽媽疑惑地看著我，我向她點點頭，示意麥克說的是實話。

當麥克進到車內的時候，他告訴他的媽媽：「媽媽，難道你不問我今天為什麼沒哭嗎？」她是一個很好的媽媽，而且很

懂她的孩子，她說：「麥克，如果你想告訴我的話，當然我想要知道。」（她事後告訴我，她多麼想知道卻不敢問）麥克回答：「我不用再感到害怕了，因為我有『善牧』照顧我。」

這個故事的後續是，那天不只是「麥克入學問題的結束」，之後當他的阿姨過世時，他也能夠平靜地接受事實。

在下一章當中，我們會說明如何藉由已證實對孩童有幫助的方法，來向兒童宣講「善牧」比喻。示範指的並不只是和兒童分享比喻的過程，同時也是邀請你來享受比喻的訊息。但在那之前，我要先提出兩個要素，說明這些賦予生命的比喻，為什麼能夠陪伴孩童成長。

➡ 比喻的情感震撼

「善牧」形象的情感層次是如此豐富，並反射出兒童生命中的關係。通常我們會避免問兒童個人問題，唯一的例外是：「有沒有誰讓你覺得很像『善牧』？」我們問了許多孩童這個問題，最常聽到的回答是「媽媽」，其次是「媽媽和爸爸」，然後才是所有他們喜愛的人——朋友、老師等等。

兒童在「善牧」中感受到不同的情感，並不限於一人。有一個孩子對這個問題的回應是「我妹妹」，這讓人摸不著頭緒，如果孩童和善牧的關連是來自於善牧認識每個孩童以及善牧的保護之愛，那我們要如何理解妹妹給予了善牧所能給予的感受

呢？一個心理學家解釋說，這種愛代表確認，讓我們感到安全，就算是來自妹妹的愛，也能有同樣的感受，如此我們才得以理解這個孩子的回應。

這暗示我們不要只強調「天父」的形象，如果兒童和他的父親關係不好呢？這樣會變成什麼意思？如果我們跟兒童說神是「善牧」，那麼兒童可以自行選擇和他們關係最好的人。建立關係是兒童最深層的需求，他們從「善牧」中發現，可以和「這一位」建立關係（透過聆聽祂的聲音），「這一位」會給他們愛，而且他們也可以把愛給「祂」。對兒童影響最大的是善牧召喚羊的名字（反而不是祂為羊捨掉自己的性命）。

▶ 比喻的教義內容

「善牧」是基督論的比喻中最重要的一則比喻，富涵深刻的教義內容。善牧比喻所蘊含的教義訊息，具有和情感一樣強大的共鳴，在理智與情感之間、在知性意義與情感意義之間達成完美的平衡。

這則比喻包括了基督宗教訊息的本質核心：在善牧的捨己之愛中，我們找到基督逾越奧蹟的中心——也就是祂的死亡與祂的復活。這則比喻以深刻而生動的方式根植於孩童心中，這也確認了一件事：最真實的事實也必須給予最年幼的孩子。

這則比喻的重要性在於，它成為孩童認識其他主題的參照點。在孩童的圖畫中，他們將基督復活、耶穌誕生、彌撒和聖

洗聖事（洗禮）與善牧比喻做了連結。例如，在孩子聖誕節的畫作中，聖嬰耶穌變成了善牧。

這裡必須要提及的是，我們並不向孩童示範這樣的連結，我們只是逐一為兒童示範主題，主題間的連結是來自兒童本身。這代表善牧比喻在他們內在佔據極大的位置，並能將其應用在各種情境中。

如果我們只是透過學術教導的方式學習知識，就只能在其相關脈絡中進行理解，而無法將之應用到其他情境。如果訊息能真正地深入內化，我們便能應用在不同的領域中。很清楚的一點是，善牧不只是兒童學習到的學科主題，更是兒童與神相愛的能力，藉由這則比喻的紮根，孩童能夠真正地享受善牧臨在於他們的生命中。

◗ 和善牧一起成長

比喻是富饒的，其豐富性伴隨孩童成長而發展，在孩童成長的過程中，比喻會逐漸揭露它所隱含的其他層次。

對於六歲之後的孩童，善牧比喻傳達的不只是滋養和保護之愛，還有寬恕之愛。對於六到十歲的兒童而言，這個特別的層面在於善牧尋找迷失的羊，而耶穌對我們的愛永不改變。這時的兒童需要的是神的永恆之愛，當我們和這個年齡層的兒童談論神的忠實之愛時，可以感受到孩童的喜悅感，就和我們跟幼童談到「按著名字召喚」的牧羊人時，兒童表露出的喜悅感

一樣。

在青春期前或青少年初期的時候，年輕人尋找的是角色典範，牧羊人作為領導者和引導者的角色，牧羊人因為對天父與對羊的愛而捨己的例子，會特別吸引他們。在這個發展階段，他們在聖體聖事（聖餐禮）的焦點便會放在「犧牲的聖事」（sacrament of the sacrifice），而這是善牧持續為我們「捨掉性命」的特定方式。這個年紀的青少年很自然地尋求角色典範，也對偉大的想法充滿熱忱，而善牧為他們提供的英雄典範深深地滋養他們。

比喻伴隨著孩童經歷不同的發展階段，一點一滴地持續豐富孩童各個階段的生命。善牧形象深刻地觸動兒童，讓兒童在喜樂的基礎上建立與神的關係。如果不能幫助人們帶著驚奇與感恩之心，在自己生命中去享受「這位神」，那宗教教育還能是什麼呢？

CHAPTER 6

向兒童示範善牧 （好牧人）的比喻

By Sofia Cavalletti, Patricia Coulter, Rebekah Rojcewicz

雖然在孩童三歲之前，我們可以向他們介紹「耶穌是善牧」，但以下的指南和注意事項，是針對三歲以上的孩童。

就算孩童已屆滿三到六歲，但在善牧課程的學年之初，我們的焦點在於協助兒童透過日常生活的活動、命名活動的示範，以及教堂中的動作（例如預備模型祭台、禮儀顏色的活動、為祈禱桌插花等）而能在環境中安頓下來。當兒童投入這些活動時，他們變得更為專注，更能夠聆聽與吸收福音中「耶穌是善牧」的豐富意涵。

〈若望福音〉（約翰福音）第10章「耶穌善牧」（好牧人耶穌）和〈路加福音〉第15章「亡羊」（迷失的羊）的兩則比喻，以及其他的比喻，基本的示範過程相同，包含以下這些步驟：

1. 簡短地向兒童介紹比喻。

2. 宣讀聖經／聆聽天主聖言。

3. 默想聖言。

4. 展示要讓兒童自行操作的教具。

5. 以祈禱的方式來回應訊息。

6. 將教具收好，邀請兒童自行選擇工作。

以下是每個步驟的詳細說明。

▶ 示範善牧比喻（若望福音 10:3b-5, 10b, 11, 14-16）

1. 介紹比喻

聚集並邀請兒童坐正，我們簡短地介紹比喻，說耶穌總是邀請我們來更認識他。當耶穌在世時，住在以色列的土地上，

有一些人很仔細地聽他說話，近身觀看他。耶穌和他們所認識的人大不相同，因此，雖然他們知道耶穌的名字，但有時候還是會問他：「你是誰？」有一次，耶穌回答：「我是善牧。」

我們知道，牧羊人是照顧羊的人，但是耶穌不只是說他是牧羊人，更是說：「我是善牧。」他是一位很特別的牧羊人，我在想，他怎麼樣才是「善」呢？他有什麼想要我們知道的秘密？讓我們聽聽聖經中耶穌的話語。

2. 宣讀聖經／聆聽天主聖言

然後我們恭讀聖經，通常會先點燃蠟燭，幫助我們強調在聆聽時，天主的聖言與臨在的重要性。之後，我們向兒童示範可供兒童獨自操作的教具，我們會指出除了立體的教具之外，還有「聖經小冊子」，但最初的示範是從聖經來閱讀，以視覺來提醒我們，我們宣讀的話語是來自聖經。

第一次示範「善牧」比喻時，我們選擇以下特定的經文（若望福音第10章）：

羊聽他的聲音；他按著名字呼喚自己的羊，並引領出來。（3b）

當他把羊放出來以後，就走在羊前面，羊也跟隨他，因為認得他的聲音。（4）

羊決不跟隨陌生人，反而逃避他，因為羊不認得陌生人的聲音。（5）

我來，卻是為叫他們獲得生命，且獲得更豐富的生命。（10b）

我是善牧：善牧為羊捨掉自己的性命。（11）

我是善牧，我認識我的羊，我的羊也認識我，（14）

正如父認識我，我也認識父一樣；我並且為羊捨掉我的性命。（15）

我還有別的羊，不屬於這一棧，我也該把他們引來，他們要聽我的聲音，這樣，將只有一個羊群，一個牧人。（16）

對六歲以下的兒童，我們捨棄不用「傭工和狼」的經文（12-13節）。在閱讀狼與傭工的經文之前，先給兒童充分的時間去探索和享受善牧與羊之間的關係，有極大的重要性，因為狼與傭工的戲劇化元素很容易掩蓋了善牧與羊之間的重要訊息：「牧羊人」的身分、他對自己的羊的認識、他對羊的持續關心和喜悅，以及羊聽到牧羊人聲音之後的回應，羊信任他的聲音、跟隨他，並高興地親近他……等。

等到兒童六歲或更大一點，再加入狼與傭工的經文時，「我並且為羊捨掉我的性命」這句經文的意涵就會更為完整。透過延後加入狼與傭工的經文，我們給予兒童足夠穩固的基礎去理解這些詞彙。善牧的核心身分讓他「捨棄」或「交出」自己的生命，不是只在十字架上（雖然那是終極的禮物），而是他在世的生命是不斷地給出自己，為了對天父的愛，以及對羊的愛，他持續「捨棄」他的性命。

我們也忽略「羊棧（羊圈）的門」（在第1-2節當中）的形象，以便只專注於一個形象，也就是「牧羊人」。對兒童來說，一次提供兩個形象是過多的訊息。此外，第1-2節的經文談及「賊和強盜」，要能理解這些語句，必須要先對耶穌所處的歷史時空有所理解，但這對六歲以下的兒童並不適合。

3. 默想天主聖言

在聽完聖經經文之後，我們提出一些與驚奇相關的主要問題，在善牧比喻的初次示範中，可以提出的問題包括：

+ 是什麼讓這個牧羊人這麼「好」？這個牧羊人有什麼特別之處？（兒童印象特別深刻的是牧羊人呼喚羊的名字，表示他非常認識他的羊，每一隻羊都很特別）
+ 他為他的羊做了什麼？他和他的羊一起做了什麼？他的羊做了什麼？

+ 這些羊是不是很幸運能有一個這麼好的牧羊人？你覺得這些羊開心嗎？

+ 這些被善牧認識與喜愛的羊，你覺得牠們可能是誰呢？

對我們成人來說，在這些問題當中，要讓答案保持開放且不去強求一個正確答案，最後一個問題可能最難做到。有人可能會希望兒童馬上就「理解」他們就是羊，如果他們不理解他們就是羊，那要怎麼理解這則比喻隱含的好消息呢？有兩個非常重要的原因，幫助我們不急著強求一個正確答案：

+ 耶穌使用比喻的方法，不只是因為此方法尊重（神與天國的）奧秘，更因為比喻的方法同時也尊重盟約中人類的這一邊；比喻的方法也尊重聽者「發現的喜悅」的重要性。

+ 兒童可能還沒有能力意識到他們就是羊，但他們接受這個比喻中的好消息，彷彿他們就是羊一樣（許多孩童的藝術作品與回應都證實了這一點）。他們感受到的喜悅，並不會因為缺乏「他們就是羊」的認知（之後就會知道）而減少。兒童似乎擁有一種更深層的認知，屬於聖經的「認知」，指的是關係中的親密經驗。

這些默想式的、開放性的問題，能幫助兒童理解這裡有一個值得挖掘的寶藏、值得探索的奧秘，而發現之旅會持續在他

們的生命中展開！當我們透過這種方式與兒童一起默想，這能幫助兒童學會自己默想，而比喻及其蘊藏的內涵是無窮盡的，無論我們聽過同一個比喻多少次，總是會有新的體認。

耶穌使用的比喻方式以及我們對比喻的應用，也為我們自己打開一扇門，邀請我們持續探索並享受這隱藏的奧秘。傳統的問答教育模式，針對每個問題都有一個「正確答案」，並不能達到這個目的。

比喻通常呈現兩個層次的事實：一個層次來自日常生活，另一個則是來自超然的層次。「比喻」意想不到地將遙遠的兩個層次互相連接，並邀請我們去理解其中的原因。這兩個層次引導我們和兒童一起默想，我們在這兩個層次之間反覆來回，在日常生活與超然的真理中遊走，邀請兒童一同省思比喻的言語。透過這個方式，我們也培養了發現的「環境」，兒童會理解其中的豐富意涵有待我們發現。

以下為幾個重要的省思要點，因時發展，尤其是當兒童在操作教具和傾聽經文時：

- ✦ 善牧認識每隻羊的名字，這表示他非常認識他的羊。
- ✦ 善牧引導羊群找到牠們一切所需。
- ✦ 善牧對羊有著強大的愛，就像是把天父與子連結在一起的那種愛（三位一體的隱密生命，第14-15節）。
- ✦ 善牧對羊的愛是完全的，他總是以許許多多的方式，把自己給他的羊（「我並且為羊捨掉我的性命」，另一個版

本：「他把自己的生命『給』了羊」）。

✦ 他的羊認得與信任他的聲音，因此牠們跟隨他的帶領。

✦ 他的聲音可以傳達多遠是一個奧秘，還有其他的羊他必須要帶回，這樣才會「將只有一個羊群，一個牧人」。

4. 示範教具

雖然最根本的教具就是經文本身，但理想上要有一組立體的教具（包括一個有門的羊棧、平面的牧羊人立牌和一些羊的立牌）同時提供給兒童，以協助他們持續在經文上的默想。透過手的操作，能夠讓兒童更仔細地聆聽他們的「內心導師」——聖神（聖靈）。

因此，在示範的時候，我們向兒童介紹這個教具，會命名教具並配合經文，來示範它的操作方式。這個時候就要使用聖經小冊子，這會幫助日後兒童操作教具。

成人必須要小心、客觀地使用教具，不要將自己對經文的個人回應或詮釋，加諸於教具的操作當中。在使用教具時，加入越少的戲劇元素和表情，這個教具就更能作為兒童個別的祈禱工作之用。

5. 以祈禱的方式來回應訊息

在示範過程中的任何一個步驟，兒童都有可能會自發性地有所回應，但很重要的是，在示範接近尾聲時，要給兒童一段時間，讓他們以祈禱的方式來回應。這些回應可能是以口頭祈

禱或是歌曲的方式呈現，兒童最豐富、最原始的回應通常是靜默或愉悅的嘆息，或是簡單的陳述如「我喜歡善牧」或「我的身體很開心」。

兒童的祈禱式回應會隨著兒童專注於經文與教具上的個人工作而成長，常見於兒童的創作性藝術作品中（參見第11章關於祈禱的討論）。

想要進一步滋養兒童對於善牧比喻的祈禱式回應，我們可以提供給兒童「祈禱樣本」，就是很久以前另一個牧羊人寫下關於美好真理的省思：「上主是我的牧者；我已有需要的一切。」（聖詠／詩篇23:1）這是出自英文的好消息版聖經，對於比較年幼的孩童，我們建議一開始只提供這兩句經文，並且使用這個特定的譯本。

因為對兒童來說，一般通用的譯本「上主是我的牧者，我實在一無所缺」需要一點解釋。對他們來說，「想要」這個動詞是生命的基本：「我想要媽媽」、「我想要我的被子」等等，所以「不要／不缺」對他們來說會很困惑。至於「一無所缺」則是雙重否定。這裡的原則是，我們提供給兒童越少的字詞，每一個字詞的意涵就會越突顯其重要性，而且不需解釋。

在示範完尋回迷羊的比喻之後，我們會再回來默想〈聖詠〉第23篇的其他經文（1-3節）。當兒童六歲之後，接受過善牧比喻的示範、也知道傭工與狼的形象之後，我們會再回來〈聖詠〉第23篇，並加入第4節（「陰森的幽谷」），在此之後，才默想整篇〈聖詠〉。

6. 將教具收好，邀請兒童自行選擇工作

如果我們是向一位兒童進行示範，而兒童想要接續操作，我們就會等到兒童做完之後，再向兒童示範如何收拾教具。但如果是向一小群兒童示範，就會先向兒童示範如何收拾教具，並指出當兒童想做這個工作時，可以在哪裡找到教具，然後再邀請兒童選擇各自的工作。

他們不見得會立即想做剛剛示範的工作，而有可能選擇之前示範過的工作、日常生活的活動，或是藝術創作的活動。依據兒童能夠做選擇的程度，很重要的是允許孩童自行選擇最吸引他們的活動。我們遵照蒙特梭利教學法的原則，提供兒童需要的幫助，但不增多也不減少。

▶ 尋回迷羊的比喻（路加福音 15:4-6）

在兒童有充分時間操作〈若望福音〉第 10 章的經文與教具，也開始默想與享受善牧、善牧與羊的關係之後，我們可以提供另一個宣講，關於善牧對羊的深度厚愛——「尋回迷羊的比喻」（常被稱為「亡羊的比喻」），包含三段經文：〈路加福音〉15 章 4-6 節（對於兒童，我們不使用第 7 節）。

你們中間有那個人有一百隻羊，遺失了其中的一隻，而不把這九十九隻丟在荒野，去尋覓那遺失的一隻，直到找著呢？（4）

待找著了，就喜歡的把牠放在自己的肩膀上，（5）

來到家中，請他的友好及鄰人來，給他們說：你們與我同樂罷！因為我那隻遺失了的羊，又找到了。（6）

對成人而言，可能這則比喻最明顯的信息就是其道德層面（罪和悔改），以及神的寬恕之愛。然而對兒童來說，這則比喻單單只是善牧多麼認識和深愛每一隻羊，每一隻羊對善牧都是無比重要，他會做一切事情來讓每一隻羊親近他，因此，每一隻羊都能深深地在善牧的愛中感到安全。

我們再一次被孩童引領到最偉大的真理面前！我們如何能想像耶穌要透過這則比喻，傳達他的浩瀚與十全十美之愛呢？牧羊人找到他迷失的羊之後，為什麼沒有在他的「拯救任務」上打個勾，然後就去睡覺呢？為什麼他還要「請他的好友及鄰居」來慶祝並和他「同樂」呢？在靜默中，我們內心深處不禁

探問，如同在聖週五常唱的聖歌之語：「這是何等奇妙之愛？」

當兒童年紀較長，開始意識自己的缺點以及自己有時候會有「迷失」的傾向時，這則比喻將會帶給兒童新的意義。但比喻中最重要的訊息仍然不變，仍然是針對幼童所強調的：善牧對他的羊的深刻厚愛，以及他身處羊群之中的喜悅。

示範這則比喻的基本步驟和示範「善牧」比喻的基本步驟相同，只是介紹語有所不同，在恭讀聖經之後，引導兒童默想的思考問題也會不同。

在介紹這則比喻時，我們首先向兒童確認，我們已經開始認識耶穌善牧，也可以一同回想善牧的愛的特質，以及善牧與羊的關係。然後再說明今天我們要聽另外一則比喻，另外一則關於善牧多麼愛他的羊的訊息。我們可能會去想，如果善牧的一隻羊走失了，會發生什麼事？善牧會知道他的羊走失了嗎？善牧會怎麼做？

在恭讀聖經之後，我們默想這段經文時，我們去想：「發生了什麼事？他做了什麼事？」（他立即去找羊）「他一找到羊，就做了什麼事？」（兒童很有信心，善牧絕對不會罵羊，而是開心地把羊放在他的肩上）「然後呢？」（他把羊帶回其他羊所在的羊棧裡）「這樣就結束了嗎？他有說他的工作做完了，所以要去睡覺了嗎？」（沒有）「那他做了什麼？」（他請他的朋友和鄰居來慶祝）「為什麼？這告訴我們善牧和他的羊是怎樣的關係？」

我們也可以提出這樣的問題：「我在想，是誰比較開心？

是被找到的羊，還是把羊找回來自己身邊的牧羊人？」然後我們再想：「善牧這麼熟識又視如珍寶的這些羊，可能會是誰？」

　　無論是透過示範或是透過兒童各自的工作，隨著時間發展，我們會漸漸得到以下的啟示：

◆ 善牧熟識他的羊，就算只有一隻走失了，他也會知道。

◆ 他會去尋找迷失的羊，直到找著為止。

◆ 當他找到他的羊，他充滿喜悅，他把這隻疲憊的羊扛在自己的肩膀上（雖然他自己可能也已經很累了！）並帶回羊棧，讓羊安全地和其他羊在一起。

◆ 還有，他把羊帶回來的喜悅滿溢出他的心，他必須要跟別人分享，他必須要和他的朋友和鄰居慶祝，他們才能一同慶祝。

▓ 和年紀較大的孩童一起回顧善牧比喻

　　針對六歲以上的兒童，通常在第二階段的善牧小室中（六到九歲），在他們有充分的機會認識善牧以及善牧與羊的關係之後，我們可以再回顧〈若望福音〉第10章的比喻，並加入第12和第13節的經文，即傭工和狼的角色。

　　在介紹比喻時，我們首先邀請兒童回想和分享他們已經知道並喜愛的關於善牧的事，然後再說明今天我們要再聽一次這則比喻，這一次會多加入兩節經文，並且認識兩個「新的角

色」。我們會發現什麼關於善牧之愛的新秘密，以及「捨棄他的性命」的秘密呢？

　　恭讀聖經之後（若望10:3b-5, 10b-16），我們默想這兩個新的角色及其意涵，最顯而易見的是傭工並沒有真正愛或關懷他的羊，因為羊不屬於他，當狼前來的時候，傭工就跑走了，他很害怕並且只有想到自己的安危。狼是羊的敵人，是羊的掠食者（狼「抓住」羊並把羊「趕散」了）。

　　那善牧又如何顯現出他的不同之處呢？如果狼來了，善牧會做什麼呢？（他會和他的羊在一起，保護他們，不管自己發生什麼事）為什麼？（因為善牧全心全意愛他的羊）

　　因為兒童已經對善牧的教具十分熟悉，他們可以在讀聖經（到第11節）時，同時移動教具中的角色，或是引導員[1]可以把

羊放在羊棧外面，只讀第12-16節，配合以下描述的動作：

◆ 傭工，因不是牧人，羊也不是他自己的（將善牧立牌收起，放入傭工立牌）

◆ 一看見狼來（把狼的立牌拿出來，放在羊群的後方）

◆ 便棄羊逃跑（快速地把傭工立牌拿起來，移出至視線範圍之外）

◆ 狼就抓住羊，把羊趕散了（移動狼的立牌，讓狼在羊群中移動，然後移出視野之外。注意：不要過度戲劇化狼的攻擊，才不會喧賓奪主地曲解示範的重點，或是鼓勵兒童在獨立工作時誤會重點。如果在移動狼的時候，有一或兩隻羊摔倒了，那倒無妨）

◆ 我是善牧，我認識我的羊，我的羊也認識我，正如父認識我，我也認識父一樣（將善牧立牌放回羊群最前方，讓羊重新回歸秩序）

◆ 我並且為羊捨掉我的性命（再把狼拿出來，放在羊群後面，將善牧立牌移到狼前面，面對面，一隻手拿狼，另一隻拿善牧，讓兩者對視，在這裡同樣也不要動作過大。把善牧倒下放在桌上，把狼帶離視線之外）

在這裡立即停下動作，問兒童：「這善牧是誰？」（耶穌）

---

1. 編注：catechist，亦稱為「引導者」、「教理引導員」或「教理嚮導」，為主日學老師／教理員的角色。

「耶穌發生了什麼事？」（他死在十字架上，但他從死亡中復活）然後，我們再把善牧立牌豎起來，再次確認耶穌善牧的復活，他永遠與他的羊同在。

在兒童持續操作與默想這則比喻時，他們會更深入探索傭工和狼代表的是誰，雖然這個年齡的兒童有時候會說狼是「惡魔」或「撒旦」，但我們建議為孩子示範時使用「邪惡」一詞來取代。

另外，在狼與傭工的第一次示範中，狼攻擊善牧之後（以及善牧死亡而又復活後）還把狼留在場上，會分散兒童的注意力，但兒童最終還是能夠理解世界上仍有邪惡之事的存在（所以兒童在操作時，有可能會將狼的立牌一直留在場上，直到最後比喻的經文結束為止）。然而，兒童仍很有信心，知曉只要有善牧的臨在，狼不能產生太大的威脅。在這則比喻中的「復活」宣報，嘹亮而清澈地敲響兒童的心靈。

之後我們可以回顧〈聖詠〉第23篇，加入第1-4節的經文，來更深入地滋養兒童的祈禱式回應。第4節的經文提醒我們，在善牧的比喻中，我們發現了什麼關於善牧之愛與保護的秘密呢？

縱使我應走過陰森的幽谷，
我不怕兇險，因你與我同住。
你的牧杖和短棒，是我的安慰舒暢。

兒童最喜歡的一個工作是抄寫、繪製或「裝飾」這段祈禱

文，以及其他的祈禱文（大部分來自福音或聖詠章節），我們為
兒童準備大張的卡片紙讓他們使用（參考第11章）。

▶ 兒童的回應

到這裡為止，是為了創造出一種導入祈禱的氛圍，我們自
己對於驚奇的態度與敬意，引導我們在恭讀經文之前，簡短地
介紹經文內容，然後恭讀聖經，為兒童強調出訊息的珍貴與重
要性，並邀請兒童深入而專注地聆聽經文。

因此，當我們默想經文時，我們那些簡短的開放式問題，
僅是對兒童持續深掘和追尋意義的輕聲提點。說明過多的背
景，或是試著從兒童身上得到過多關於經文的理解，更容易關
上門，而不是邀請兒童持續追尋。在示範時，我們僅止於幫助
兒童聆聽經文，並且提供他們得以持續默想的工具，如此而已。

尤其對兒童而言，在示範中透過教具再次視讀經文，更重
要的是邀請兒童自行操作教具與使用「聖經小冊」（這是最棒
的「工具」之一）。當兒童為自己選擇一項獨自的工作時，我
們必須要「退一步」並允許兒童和真正的「導師」——聖神（聖
靈）——進行交談。如果兒童要求，我們可以在兒童操作教具
時，為他們朗讀聖經小冊，但我們必須克制自己不去主導他們
的工作。在兒童與神相會時，沒有人比此時的我們更像一個僕
人的角色了（而且是一個安靜的僕人！）。

如果兒童選擇了教具卻沒辦法閱讀，最好是由其他能閱讀

的兒童來幫助他，而不是由引導員來協助。或是，兒童可以用自己的話來述說這段比喻，這會非常有趣！

這些比喻為孩童內在填滿驚奇與喜樂，而孩童則能夠以祈禱作為回應。例如，有一群孩子很顯然地被善牧的比喻感動，所以引導員問他們：「想不想進去聖堂對善牧說說話？」當引導員還在收拾物品時，突然發現孩子們已經安靜地先行前往。孩子們祈禱了一會，然後又回到善牧小室中，後來一個孩子過來跟引導員分享：「你知道我跟善牧說什麼嗎？你很好，因為你用善良來帶領我們。」

隨著我們觀察兒童的能力提升，我們將更能欣賞兒童的獨立活動，在他們的個別工作時間中，他們吸收並內化了比喻的內涵，他們的活動是通往祈禱的管道，也是祈禱本身。

▶ 兒童在操作教具時的回應

舉一個例子來說明兒童操作教具的方式與價值。有一個引導員觀察一個小男孩獨自進行善牧比喻的工作，他首先將善牧放在羊棧外面，然後他讓羊跟在牧羊人身後。在小男孩移動一隻羊之前，他先讓牧羊人轉身面對羊，再把牧羊人轉回去面對羊棧的柵欄口。每一次小男孩要移動羊之前，他都這麼做。

在小男孩完成工作並把教具歸位時，引導員溫柔地上前詢問小男孩剛剛在做什麼：「我可以問你一個問題嗎？」小男孩點點頭，引導員才繼續問：「為什麼牧羊人那麼多次轉身看著

羊？」小男孩回答：「因為他在叫羊的名字。」比喻中的這個細節讓小男孩印象深刻，於是他為每隻羊重複這個動作。

🢒 兒童在話語中的回應

在兒童獨自操作教具時，他們會將比喻應用在自己的生活中。以下是其中一個例子：一個小孩的學校位於市郊，並且在鐵道交會處附近，因為鐵道十分靠近學校，因此鐵道代表危險，兒童時常被耳提面命要小心而且不要靠近。這個小男孩在操作善牧教具時，他把所有的羊放在羊棧裡面，只有一隻迷失的羊沒有在羊棧裡，這隻羊被放在一個離其他羊都很遠的地方，然後他對著羊說：「你要去哪裡？你瘋了！難道你不知道這樣很危險嗎？」後來，他把羊拿過來，放在牧羊人立牌旁邊，然後把兩者一同帶回羊棧裡。

這向我們顯示，給予兒童時間和方法，讓他們能有自己的回應十分重要，因為在這樣的時刻中，經文（在這個例子當中則是比喻）才能內化為兒童生命中的一部分。這不只是指我們示範的教具，也包括兒童進行的其他形式的創意性活動，藝術作品也是其中之一。

🢒 兒童在藝術作品中的回應

例如，我們提過，兒童通常會在一段時間的默想之後，才

體會到羊所指的是誰；許多次在我們結束默想的片刻之後，仍然沒有任何孩子理解羊的身分。然後，在兒童自己選擇的活動中，他們自己發現了。

　　這點在一個男孩身上尤為明顯，他畫了一個牧羊人，每一隻羊的身上都畫了一顆心，兩個孩子在羊群中。當他把畫拿給引導員看時，引導員問他：「你為什麼畫了這兩個孩子？」小男孩說：「因為我在工作的時候，我就知道我們是羊。」當小男孩和引導員及其他孩童一起時，他還不理解，只有後來當他自己和內在「導師」對話時，他才理解。

　　另一個例子是一個住在孤兒院的小女孩畫的圖。在圖畫紙的中心，她畫了一個紅色的愛心，在愛心中寫著「喜樂的心」，然後她畫了祭台和蠟燭，有幾隻羊拿著小蠟燭，也有孩子。她在畫紙上寫下「兒童有光」以及「媽媽我愛妳」，雖然她幾乎不認識她的媽媽。當小女孩在畫圖的時候，引導員注意到她先畫了一幢房子，後來將之改為聖堂。之後引導員問她：「你為什麼改了？」小女孩說：「因為羊的房子是聖堂。」那個「喜樂的心」多麼令人動容！比喻所富涵的情感之強大，能夠為一個被父母拋棄的孩子帶來喜樂。

▶ 本章總結

　　透過這種方式來示範比喻，是宣講的過程，超越學科或是認知層面，幫助兒童更深刻認識比喻。有兩種認識事物的途

徑：一種是透過我們在學習上的努力，理解並記得許多事情，比如說為了通過考試。另一種認識則是我們可能沒有覺察到，也不記得是從哪裡學來的，它就在我們內在，是我們的一部分。這裡宣講天主聖言的方式，是採用了第二個方式來幫助兒童認識比喻。

　　有兩個婦女在對話，一位是二十歲初頭，另一位則是前者小時候的教理老師。年輕的那位正在回想她們之前在教理中心的日子，她向她之前的教理老師說：「你沒有向我示範善牧。」引導員記得很清楚她示範過，便問年輕女性：「但你是知道的，不是嗎？」年輕女性很快地回覆：「當然，我知道！」很有趣的是，年輕女性雖然不記得第一次看到示範善牧比喻的情景，卻已深植於心中，彷彿從起初她就一直認識善牧一樣。

CHAPTER 7

—— ● ——

生命的奧秘：
示範天國的比喻

By Sofia Cavalletti, Patricia Coulter, Rebekah Rojcewicz

▶ 兒童的呼喚

讓我們回想兒童的兩個能力：首先，他們透過所有的感官來生活，他們很自然地會伸手觸摸、聞與嚐這世界的味道。他們對於掌握生命有無比的能力，並全心全意地投入生命當中，我們可以說他們是生理性的存在（而且當兒童清醒的時候，他們無時無刻不想動）。

但我們也必須說，兒童同時也是靈性的存在，他們對於「看見不可見之物」也有無比的能力，能夠感知到超越宇宙之物、進入真相之中（包括「可見」與「不可見」的真相）。

這兩個能力告訴我們一些道理，我們必須透過這兩個能力

而聽見兒童無聲的呼喚：「幫助我參悟生命的奇蹟。」這個呼喚要求我們提供深刻而細緻的服務，兒童需要我們的協助才能安頓且聚焦，然後更專注於眼前的驚奇上。更有甚者，他們需要一把解鎖驚奇深度意涵的鑰匙，他們需要聆聽耶穌本人對於這個問題的答案：「誰為了我而預備這一切？」

探索驚奇的潛能（The capacity for wonder）對兒童而言是自然不過的事，但驚奇也是我們整個人生的本質，是我們持續成長與蛻變的重要關鍵，生命長河的探險帶領我們更認識神、更享受神，以及更加參與天國的建立。我們的任務是為兒童培養驚奇的能力，讓驚奇成為兒童生命中信仰的堅固元素。

在幫助兒童培養驚奇的能力時，首先要預備環境（家庭環境與聖堂環境），環境必須要樸素（不要有過多「贅物」），有兒童尺寸的家具，必須要具有吸引力並保有詳和的秩序感。然後我們向兒童示範如何使用實際的工具，做簡單的日常活動（如擦灰塵、掃地、拖地、磨光、插花等），這些日常生活的活動都非常吸引兒童。投入這些活動能夠幫助兒童建立歸屬感，也幫助兒童安頓與專注，進而幫助兒童更加注意與享受身邊神為他們預備的禮物，也更能聆聽「誰為了我而預備這一切？」的好消息。

如同蘇菲亞・卡瓦蕾緹在《與孩童一起體驗神》第8章〈關於驚奇和天國的教育〉中所述，為了幫助兒童培養驚奇的能力，我們必須供給兒童「營養卻不過盛的食物」。而在參悟生命奇蹟的主題上，沒有什麼能比簡短的天國比喻更美味、更營

養。天國的比喻出現在〈瑪竇福音〉（馬太福音）與〈馬爾谷福音〉（馬可福音）中：

+ 芥子的比喻（瑪竇福音 13:31-32）
+ 酵母的比喻（瑪竇福音 13:33）
+ 種子自長的比喻（馬爾谷福音 4:26-29）
+ 珍珠的比喻（瑪竇福音 13:45-46）
+ 寶貝的比喻（瑪竇福音 13:44）

以上五個比喻的焦點放在天國奧秘的兩個特別層面：

1. 前三個比喻強調天國的奧秘就是生命的奧秘，是從「少」往「多」的生命成長與蛻變奧蹟。
2. 後兩個比喻則邀請我們沉思天國是萬物間最漂亮又最珍貴的事物，是神賜予的禮物，意在帶給我們最大的喜樂。

懷抱著對奧秘豐富性的敬意，以及對兒童的節奏與步調的敬意，我們在兩到三年間，緩慢地將這些比喻提供給兒童，先為年紀最小的兒童提供芥子的比喻，然後是珍珠的比喻，之後再逐年示範酵母的比喻和藏在地裡的寶貝，然後才是種子自長的比喻。每則比喻都載滿等待被發現的富藏，每一則都值得兒童以自己的時間與節奏去細嚼並享受，也透過個人工作來回應比喻的訊息。

▶ 給未來的精神食糧

這些比喻所提供的不只滋養了兒童的需求，同時對兒童的未來也深有影響，因為這些比喻讓兒童在以後的童年中，在看待事實所含的不同元素時，能夠有更深層次的理解。兒童的特殊能力是在理解生命時，深入地直指核心；而童年時兒童看待生命的眼光也更為寬廣，可以看見生命的無數面向。當兒童受到幫助而能夠全面性地理解生命的宗教意涵時，孩童就有機會在日後童年中讀懂創造物所隱含的宗教標記。

之前我們提過，學齡兒童（六或七歲之後）有兩個特點可以幫助我們闡明：

1. 兒童的視野與興趣在六歲左右會變得開闊，因此六歲以後的兒童，會聚焦於讀懂生命中的各樣細節。
2. 因為學齡兒童視野的擴張，生命的樣貌反而變得破碎，這就是學齡兒童對生命要有全面觀點的原因，幫助他們發現在現實的不同面向下，有一個更深而共通的起源。

讓學齡兒童有所準備地進入此階段是很重要的，因為他們要先站在對生命博愛的基礎上，他們周遭的各個生命形式（無論是與人還是或與物相關）才能塗上愛的色彩。六歲以後的兒童能夠深愛生命的各個面向，並能視生命整體為一個神秘的禮物，這個禮物存於我們之內，也在我們周遭。

當兒童「已經」擁有可以詮釋標記的內在鑰匙，這將有助兒童看懂不同的標記，成為生機盎然的探索。如果要以圖表來示意這個精神的內在動作，我們可以說：

兒童學齡前期（六歲以下）	兒童學齡期（七到十歲左右）
從生命整體的普世觀點	從本質、主要的
到生命獨特的許多細節	到次要的（secondary）

依據此原則，我們能夠幫助：

◆ 兒童直入真相的核心
◆ 讓兒童做好準備，日後能夠看懂創造物的標記

這把鑰匙早已存於兒童的內心。

▶ 種子和酵母的比喻

這三則比喻（芥子、酵母和種子自長）中的每一則，都從天國的微小談起，微小到幾乎無法吸引我們的注意力，然而它卻不斷成長，變成全新而偉大之物，為什麼？因為在種子或酵母當中，蘊藏著偉大的力量或能量。

◆ 福音書告訴我們天國像一顆芥子，是最小的種子，比針

頭還小（以色列種的芥子真是如此！），卻可以長成一棵鳥兒可以來築巢的大樹。

> 天國好像一粒芥子，人把它撒在自己的田裏。它固然是各樣種子裏最小的，但當它長起來，卻比各種蔬菜都大，竟成了樹，甚至天上的飛鳥飛來，在它的枝上棲息。（瑪竇／馬太福音13:31-32）

✦ 福音書告訴我們天國像是婦女加在麵粉裡面要揉麵的酵母（麵團會發酵，也會改變，烘烤之後就會變成麵包）。

> 天國好像酵母，女人取來藏在三斗麵裏，直到全部發了酵。（瑪竇福音13:33）

✦ 福音書告訴我們天國就像是農夫撒在地裡的種子，無論農夫是清醒或是熟睡，種子都會持續生長和改變，長出最終能被收獲的成果。

> 天主的國好比一個人把種子撒在地裏，他黑夜白天，或睡或起，那種子發芽生長，至於怎樣，他卻不知道，因為土地自然生長果實：先發苗，後吐穗，最後穗上滿了麥粒。當果實成熟的時候，便立刻派人以鐮刀收割，因為到了收穫的時期。（馬爾谷／馬可福音4:26-29）

　　注意：雖然瑪竇（馬太）使用的詞是「天國」（kingdom of heaven），但當我們跟兒童在講「國」（kingdom）的時候，最好使用「天主的國」（kingdom of God）。因為大部分的兒童已從別處聽過「天堂」（heaven）是我們死後會去的地方，「天主

的國」能為兒童保留一點開放性，讓兒童能夠細思慢想，雖然「天國」是「最高的天堂」（the highest heavens），但同時也在我們身邊，而且更重要的是，就在我們內在。

這三則比喻都強調一個過程的起始與結尾，但之間的過程無多著墨，強調的是微小和偉大之間的差異，以及偉大來自微小的事實。這令人震驚的成長與改變（一棵樹看起來像一粒種子嗎？）引發我們去思考，在這種子或是酵母內，蘊藏什麼樣的力量，能夠造成如此的生長與改變呢？是誰的力量如此強大？兒童能夠毫不遲疑地理解，這力量超出人類能力所能及，只有神的力量如此強大。

事實上，生命的成長與改變之力如此強大，我們無法在生命發展過程中全然領悟，只有在某個程度完成時，我們才能注意到。這啟發我們的敬畏之心。我們都感受過，前一天看起來還奄奄一息的枝椏，在隔天冒出新芽的驚奇；或是走在寒冬的荒原，瞬間轉變成春意滿鋪的原野；同時作為家長的我們，看著眼前的大孩子或青少年，誰不驚奇地想，這個原本在我懷抱中的寶寶，怎麼突然間就長得這麼玉立挺拔了呢？

▶ 向兒童示範比喻

示範這些比喻的方式和示範善牧的比喻方式十分相似，示範的基本元素包含簡短的介紹語、恭讀聖經、針對經文的默想時刻、對於經文的祈禱回應、提供教具（至少提供聖經小冊）、

將教具收回，邀請兒童選擇各自的工作。

在「介紹語」的部分，我們會說明當耶穌長大，他開始在以色列的土地上旅行，並與他的子民分享神的秘密。耶穌常常講到「天主的國」或是「天堂／天國」（the Kingdom of Heaven），這是什麼？它像什麼樣子？因為耶穌分享了許多關於天主的國（或是天國）的秘密，那天主的國一定很重要。

在「恭讀聖經」時，我們可以問兒童，要在哪裡才能找到耶穌的話？然後邀請兒童從祈禱桌將聖經拿過來，將兒童聚集在觀看示範之處，另一個孩子可以將蠟燭拿過來。

在恭讀聖經之後，我們開始「默想」，首先邀請兒童回想耶穌剛剛告訴我們的話。他說神的國像什麼？（一粒芥子或酵母）然後發生什麼事？（芥子長成樹，酵母被加在麵粉裡揉成麵團）耶穌可能想要我們知道關於天國的什麼秘密？

每一則比喻都有相對的聖經小冊之外，在芥子和酵母的比喻中，也有具體的「教具」來輔助兒童獨自默想：

　　芥子的比喻：我們將一些微小的芥子（真正以色列種的芥子，在加州的某些地區也可以找到）放在一個有蓋子的小盒子裡。盒子內層必須是白色，才能襯托出芥子。盒子裡面一次只要放幾顆芥子就好，太多芥子會降低芥子的微小所帶來的衝擊。放置芥子的小盒子再裝在一個稍大的寶盒裡，來表示耶穌與我們分享的這個關於天國的秘密何其珍貴。我們不只讓孩子看到這個芥子是放在小盒子裡，也讓兒童放在他們的指尖上，然後繼續思考這則比喻隱含的秘密：

- ✦ 這麼小的小東西，怎麼能夠長成像樹那麼大又那麼不一樣？
- ✦ 我們也可以做到嗎？
- ✦ 種子中一定有什麼東西讓它長成大樹：一種非常偉大的力量。
- ✦ 我在想，誰的力量可以這麼偉大？

　　在我們持續以祈禱回應這則比喻時，我們也可以再從聖經小冊中朗讀經文（這也能鼓勵兒童在獨自工作的時候，使用聖經小冊）。注意：要瞭解芥子的默想如何隨著兒童的成長而展開，請參閱下文。

　　酵母的比喻：在恭讀聖經與提出默想問題之後，我們可以做經文中婦女所做的事——揉麵團，我們可以和兒童一起揉麵團。在一個托盤上，我們準備必要的工具：小罐的麵粉（開口

夠大，讓兒童能夠輕易地用量勺舀出適量的麵粉，而不會灑在桌上）、一小罐透明容器裝的酵母（如果孩子在善牧小室中的時間較短，可使用速發型酵母，效果較好）、一個1/3或1/2杯的量勺（用來量麵粉），一個透明的量杯，上面標示出所需要的溫水的量（溫水通常放在保溫瓶中）、揉麵板或是淺的木盆以揉麵、一個中型的透明玻璃碗來放揉好的麵團，一塊布蓋在麵團上以待其發酵。

在揉麵的每一個步驟當中，我們都會說明我們正在做的事，也會邀請兒童來參與，其中一些有趣的點如下：

◆ 一開始將酵母加入麵粉中但還未攪拌的時候，稍作停頓，看一下。你可以看到酵母嗎？婦女怎麼做？她把酵母和麵粉攪拌在一起。讓兒童輪流將酵母和麵粉拌在一起之後，我們可以再問一次，現在酵母怎麼了？你看得到酵母嗎？看不到了，但我們知道酵母在裡面，藏在麵粉裡面。

◆ 向兒童說明，在所有的成分都加入並攪拌之後，還有一個工作要做，才能讓麵團「全部發酵」，就是要揉麵（讓兒童輪流揉麵）。

◆ 同時也說明在婦女做了所有對麵團該做的事之後，麵團必須要休息，酵母才能在麵團內做酵母的工作（將麵團放進玻璃碗中，用布蓋上，放在照得到陽光的窗戶旁或燈下）。

在麵團有足夠的時間醒發之後，我們再次聚集兒童，將布打開，讚嘆發生的事。兒童會注意到，麵團並不是只有長大，也改變了質感與味道等等，看起來和摸起來都很不一樣。我們可以再從聖經小冊中重讀經文，並持續感受並回應天國的奇妙秘密，就像酵母一樣。

理想上，揉麵的工作也可以作為兒童獨立工作的準備，以讓他們持續默想這則比喻所揭示的天國奧秘（注意：在初次示範這則比喻時，我們也可以揉兩個麵團，一個有加酵母，一個沒有加酵母，以提供更大的對比。但是兒童的獨立工作只要揉有加酵母的麵團即可）。

種子自長的比喻（馬爾谷／馬可福音4:26-29）：除了經句本身（在聖經與聖經小冊中），這則比喻沒有其他的教具，我們也可以提供黑白線條的圖卡，如同其他天國的圖卡一樣。在我們示範這則比喻時，通常兒童已經五到六歲，而且也已經默想過芥子和酵母的比喻，因此並不一定需要具體的教具。這個年紀的兒童能夠想像比喻中的元素，並從中取得更多訊息，而不需要真正看到或摸到。

在恭讀聖經之後，我們可以先問兒童這則比喻中有沒有什麼地方聽起來很熟悉？（兒童通常會和芥子的比喻連結，因為他們再次聽到種子以及種子的成長）是的，這裡耶穌又告訴我們關於種子的成長和改變，但這裡我們聽到一些關於農夫的事。農夫做了什麼？（他播種和收獲，事實上農夫做一些照料作物的事）但比喻中告訴我們農夫是怎麼樣的？「他黑夜白天，

或睡或起，那種子發芽生長。」我們再一次思考：是誰的力量在種子內，讓種子生長？耶穌想要我們知道關於天國的什麼美好秘密？

正如在善牧比喻中，我們思考羊可能會是誰，在這裡的最後一個問題也是開放式的，要促使兒童深思，而不是為了得到一個正確答案，我們要做的僅止於邀請兒童透過獨自的工作與持續的默想，更深入地追尋與挖掘。

▶ 芥子默想的開展

正如我們已說過，我們尊重比喻的奧秘所富有的豐富意涵，同時也尊重兒童的節奏與步調，芥子默想的開展方式即是一個很好的例子。在芥子比喻當中，針對六歲以下的兒童，有三個主要的基督宗教訊息要點，依照下列順序引導兒童。

1. 我們聚焦於一顆微小的種子上，並驚豔於種下種子時，長成碩大而異於原本種子的樣子。我們細想這種子內有什麼偉大的力量，促成這種改變。
2. 接著再繼續細想，世界上有多少種子，各式各樣的種子，而且每一顆種子內都含有這種偉大力量，能夠造成這種成長與改變。在世界上，有多少這樣的力量與這樣運作的能量環繞著我們！
3. 然後再想想我們自己，我們是否也如芥子一樣，我們在

生命的開始時有多大呢？我們長大了多少又改變了多少！我們學了多少！我們可不可以說，芥子裡面所擁有的力量，也在我們身體裡運作呢？

我們要記得，最年幼的孩童會問我們關於信仰中最偉大也最根本的內容，上述的第一點即是比喻奧秘的核心，而且對幼童來說已有許多值得深思的內容。隨著兒童的成長，我們慢慢地加入其他要點（第二和第三點）以供默想。取決於初次向兒童示範芥子比喻的年齡點，我們甚至可以等上一年，再向兒童介紹進階的基督宗教訊息要點。

在六歲之後，當兒童已經接受過天國歷史整體概念的示範（從種子長成大樹以供鳥兒棲息的芥子樹形象），我們將會提醒兒童「耶穌再臨」（Parousia，第二次的到來，當「神成為萬物

之中的萬有」，而天國建立完成之時）。在那之後，兒童將發現
芥子比喻和聖經金句「你們的身體是聖神的宮殿」之間的連結。

➡ 珍珠和寶貝的比喻

種子和酵母的比喻所給予的正向衝擊，是結合了珍珠和寶
貝的比喻中，宣告了天國具有至高無上的美麗和價值，而且是
為了我們完全的喜樂。

✦ 珍珠的比喻告訴我們，有一個珍珠商人總是在尋找最美
的珍珠，他找到的所有珍珠一定都是美麗的。但有一天
他找到一顆獨特的珍珠，這顆珠珍有種特別之處，他把
他擁有的珍珠全都賣掉了，只為了得到這顆珍珠。
天國又好像一個尋找完美珍珠的商人；他一找到一顆寶
貴的珍珠，就去賣掉他所有的一切，買了它。（瑪竇福
音 13:45-46）

✦ 寶貝的比喻也是相似的，告訴我們有人發現了藏在土地
裡的寶藏，他十分想要這個寶藏，就把他所有的東西都
賣掉，為了買下這塊土地，然後擁有挖到的寶藏。
天國好像是藏在地裏的寶貝；人找到了，就把他藏起
來，高興地去賣掉他所有的一切，買了那塊地。（瑪竇
福音 13:44）

我們成年人傾向把焦點放在這兩個比喻共通的「捨棄」要素上：我們必須有所捨棄，「才能夠得救」。的確，在這兩則比喻中，主角必須變賣手上所有一切，才能取得珍貴的物品。然而，這並不是兒童注意的重點，兒童的焦點是珍珠和寶藏帶給他們的驚奇和喜悅，他們感受到商人與找到寶藏之人所感受的到喜悅。

在這些比喻中，耶穌選了兩個同樣美麗而令人愉悅的物品形象，意在取悅我們、豐富和滿足我們的生命。當然，生命中最珍貴的事物總有其代價，需要我們做出選擇與犧牲，但首要及最重要的回應，僅在於默想和享受這份禮物。如果我們能夠真正地接受和享受這份禮物，如同兒童一般，我們便能以更合宜的行為及行動來回應。

▶ 向兒童介紹這些比喻

與先前討論過的其他比喻一樣，我們的主要目的是邀請兒童去感受驚奇與敬畏天國美妙的奧秘，提供工具給兒童，讓他們發覺比喻中隱藏的秘密，進而發現天國就環繞在他們身邊，在他們之內。

寶貴的珍珠：在這個比喻當中，我們只聚焦於寶貴的珍珠本身，以及當商人得到這顆珍珠時的喜樂之情。我們細想那顆「寶貴的珍珠」像什麼樣子？為什麼會這麼特別？商人得到這顆珍珠時會有什麼感覺？他會做什麼？

　　兒童的回應通常是「他會把珍珠放在一個特別的櫃子裡」、「他會把珍珠藏在枕頭下」或「他會向他最好的朋友炫耀」，或是像一個四歲孩子說的：「他連晚餐都不會想吃！」

　　除了聖經小冊之外，提供一個簡單的模型（商人的家）、商人立牌、幾盒「其他的珍珠」、一個黏在小貝殼上的珍珠來代表寶貴的珍珠，或許還可以加上一張小地毯，把珍珠擺在上面並放在商人家外面，代表他第一次找到的地方，這些道具可以幫助兒童的持續默想。

　　注意：非常重要的一點，是這顆「寶貴的珍珠」並不會比其他的珍珠來得大，不要阻礙兒童理解這顆珍珠為什麼這麼特別的原因。如果寶貴的珍珠比其他的珍珠大顆，那兒童的默想就會停下來，得到一個過於明顯的答案：「因為它比較大。」反之，如果貝殼裡的珍珠和其他珍珠的尺寸無異，那默想之門就會持續大開，邀請兒童去發現關於天國的隱藏之秘，而最終導

向真正的問題：讓天國那麼漂亮、那麼令人渴望且令人滿意的原因，究竟是什麼？

藏在地裡的寶貝：同樣地，在這個比喻中，我們的焦點聚集在寶貝本身的奧秘和驚奇，以及找到寶貝和最終擁有寶貝之人的極度喜悅。在這則比喻中，除了聖經小冊之外，不需要提供其他的教具，兒童可以使用他們的想像力，去思考這寶貝所代表的究竟是什麼。

▶ 兒童的工作

兒童持續吸收這些天國比喻所帶來的好消息，在這個過程中，兒童最重要的工作就是再次閱讀經文（透過聖經小冊，或是必要時邀請成人或是另一個孩子為他朗讀）並操作教具（模型教具或其他可供操作的教具）。

另一個重要的活動則是兒童的創意性藝術工作，以及閱讀、抄寫或繪製相關的祈禱卡。

在天國的比喻中，我們給兒童一張祈禱卡，上面只有一句來自〈天主經〉（主禱文）的經文：

願祢的國來臨，願祢的旨意奉行在人間！

與學齡兒童，我們會一起思考整段〈天主經〉，但在學齡前階段，只需要這一句經文，就能引發兒童內在被激起的喜樂

和渴求，想要認識天主的國並愛上天主的國。

▶ 生命與死亡的奧秘

「生命的奧秘與死亡的奧秘是無法分割的一體，死亡只是生命的一個瞬間，這是世上最根本的事實，如同世上的其他基本事實，兒童對於死亡，雖未能言喻，卻等待著我們的答案。」[1] 兒童形而上的本質（即兒童對於可見世界的感官覺知，交織著對於超越靈性而不可見的覺知能力），驅動兒童去探索生命的奇蹟及死亡的非凡。

我們可以如何幫助兒童，以具體的基本方式去探索死亡的真相呢？耶穌給了我們哪些工具來幫助我們理解死亡呢？他肯定想要幫助門徒為他自己的死亡做準備，無疑地，他也一定理解我們所有人對死亡的畏懼。耶穌用比喻的方式幫助門徒們和我們。正是如此，他透過這則簡短的比喻，來傳達這個偉大奇妙的死亡奧秘：

我實實在在告訴你們：一粒麥子如果不落在地裏死了，仍只是一粒；如果死了，才結出許多子粒來。（若望／約翰福音 12:24）

---

1. 蘇菲亞·卡瓦蕾緹所著之《六至十二歲兒童的宗教潛能》（*The Religious Potential of the Child 6 to 12 Years Old*，芝加哥：Liturgy Training Publications，2002 年出版）第 4 頁。

在為兒童示範並一起默想這則比喻的前幾週，我們就開始在一小盆土中種下幾顆麥籽，並且悉心照料。大約在示範前一週，我們又在另一盆土中種下幾顆麥籽。當我們要向兒童示範時，可從兩盆土中看出麥子的生長不同階段。然後再加入第三盆，在示範前一天或兩天才種下麥籽。在一個托盤上，我們放上這三個土盆，同時有一個玻璃容器內裝著麥籽，放一個小花瓶，裡面裝有幾株成熟的麥穗。

在介紹聖經經文時，我們簡單地說出，耶穌瞭解當我們深愛的人死了，是多麼令人傷心與恐懼的事，但耶穌想要和我們分享死亡的真正秘密。在隆重地從聖經上恭讀耶穌聖言後，我們可以開始探索托盤上的物品。

◆ 我們首先從玻璃容器中拿出一顆小麥籽，讓兒童把玩且仔細觀看。它長得如何？

◆ 然後看第一盆土中幾天前才種下的種子，用一把叉子，從第一盆土中挖出一或兩顆種子，這時的種子和我們剛剛看到未下種的種子，基本上是一樣的。

◆ 再看第二盆土（示範一週前種下的種子）。發生了什麼事？（種子在生長，我們可以看到冒出一些綠芽！）那種子本身呢？種子發生了什麼事？我們從土中把種子挖出來，我們還是看得到種子，但種子在改變，種子破掉，而且變得很軟，種子正在死去。

◆ 接著看第三盆土中的成長與改變有多大，我們看到綠芽

更高，當挖掘時，我們幾乎找不到種子在哪裡，種子死了，但這代表什麼意思？種子發生了什麼事？

✦ 最後，我們從花瓶中取出一株成熟的麥穗，向兒童說明，如果麥子能夠在田裡長大成熟，就會像這樣結出麥穗。仔細地看看麥稈上的穀物，看到什麼？有更多的種子！將玻璃容器中的一顆麥籽放在麥稈旁邊，可以幫助我們透過耶穌與我們分享的比喻，持續默想死亡的偉大奧秘。

✦ 在邀請兒童選擇他們自己的工作時，我們可以朗讀祈禱卡上的福音經文，這張祈禱卡上同時有文字，以及麥籽種下之後不同生長階段的圖畫。

做這個示範最有力的時刻，是當孩子近期內親身經驗過親人或朋友的逝世。同時在四旬期，當我們為基督最大的奧蹟──耶穌死亡，和從死亡中復活──做準備時，做這個示範也十分適合。很重要的是，不要催促兒童去想通、或是立即將比喻應用在他們身邊已逝世的人身上，反之，我們必須要信任聖言的力量，與信任兒童真正的「內在導師」聖神（聖靈），透過具體而根本的方式來探索這則比喻，我們所做的只能是為兒童打開一扇持續默想的大門。

總而言之，我們可以說這些比喻提供兒童對於真實的定位，「真實」一詞，我們指的是所有我們所見所摸的天主創造物，以及我們肉眼不可親見的天主之神（God's Spirit），即使

我們可以「見到」其效應。因著受過訓練的眼和心，我們變得更有能力辨識出神的力量在世界上與在我們之內的運作，為了帶來成長與改變，並且伴隨著深刻的喜樂和無盡豐富的生命。

因此，這些比喻幫助我們奠下人類宗教態度的基礎，我們認出神的力量在我們周遭、也在我們內在做工，同時體會到這樣的力量不屬於我們，也不是從我們而來。這引領我們意識到，我們必須向外探求，超越自身，以發覺我們真實的根——真正的泉源與補給。

更進一步地說，當我們成人和兒童一起聆聽並默想這些比喻時，我們就能以全新的耳朵聽到詩人的讚美祈禱：

唯有在你面前有圓滿的喜悅，永遠在你右邊也是我的福樂。（聖詠／詩篇 16:11）

CHAPTER 8

————— ◆ —————

生命的禮物：
介紹聖洗聖事（洗禮）

By Sofia Cavalletti, Patricia Coulter, Rebekah Rojcewicz

　　嬰兒領洗是教會最古老的傳統之一，這個禮儀意味著教會認可兒童活出與神關係的能力，是從嬰兒期開始。

▶ 豐富的生命

　　領洗是一份巨大的禮物，在嬰兒期領洗的兒童必須要盡早領會到這份已收到的大禮，他們必須要有機會去沉思和享受這份已在他們內在運作的禮物。來到我們的善牧小室當中卻尚未領洗的孩童，也需要認識領洗這份禮物，他們也必須領會到復活基督渴求與我們分享他的生命與光，尤其是透過聖洗聖事（洗禮）。

然而，我們要怎麼做呢？要如何向兒童傳達聖洗聖事的豐富，而不使用太過抽象的言語呢？

▶ 聖洗聖事的禮儀標記

教會禮儀提供我們一個做法，我們稱為「標記的方法」。在救恩史中，這也是神所使用的方法，神透過我們可以見到與觸摸到的禮物來與我們溝通：從無窮無盡的創造物、舊約中天主選民的救恩事蹟，到「耶穌」這個最終的標記，這些都是神來到我們身邊、為我們做工的管道，如此一來，天國才得以建立完成。

透過餅和酒、水、光、油、聖言、手勢……等，耶穌已經將禮儀標記傳遞給我們，並指示我們可以繼續使用。他與我們同在，並進一步將我們轉化為他的模樣，引領我們進入滿全的生命，也更加投入天國的建設。

禮儀標記透過感官與心靈「向我們說話」，瑪利亞‧蒙特梭利博士說禮儀是「教會最優美的教導工具」。禮儀是一種意涵豐富並具影響力的語言，我們必須向兒童介紹標記的語言，就像他們必須學會母語或其他語言一般。我們必須：

✦ 幫助兒童覺察標記、細察標記
✦ 提供兒童「閱讀」這些標記的工具，讓他們持續發現標記的深層意涵

我們和兒童一起思索和享受的聖洗標記包含：

✦ 復活基督之光（復活蠟和小的領洗蠟）
✦ 領洗白衣
✦ 聖洗池的水
✦ 禱詞（在領洗時所讀，也會持續在生命中帶給我們天主
　的光和生命）
✦ 聖油（候洗聖油和聖化聖油）
✦ 手勢（呼求聖神降臨聖洗池的水、十字聖號、倒水式或
　浸水式）

上述的每一個標記，優先目的都是提供兒童機會去仔細地
觀看標記，享受而從容地近距離觀看標記。

我們預備一個「聖洗的角落」，在那裡放有聖洗池、復活
蠟、復活基督十字架（最好是聖方濟最愛的聖方濟十字架），一
個小的讀經台放有聖經，靠近一個小櫥櫃，有一件胸前繡上紅
色十字架的樸素小白衣，幾隻小的領洗蠟燭，小瓶聖油（候洗
聖油和聖化聖油）。

每次只向兒童介紹其中幾樣標記，示範時盡量少說話，重
點在給兒童探索標記深意的鑰匙。我們從默想光和白衣開始，
然後是水、聖言、聖油，最後才是聖洗時的手勢。這些示範可
以分配在三年中，取決於兒童幾歲開始善牧小室的活動。

也就是說，對於極為年幼的孩童，通常只要聚焦在聖洗聖

事是基督之光和基督生命的禮物即可，其後，我們再繼續將焦點放在水和聖言上；然後才是抗拒邪惡的力量、基督的芳香透過聖油而給予我們。最後，我們再聚焦於聖洗的手勢，以及如何在聖事中「點燃」基督的臨在與行動。

▶ 向兒童示範聖洗的標記

　　兒童形而上的本質（我們之前已說明）讓他們能夠沉思並享受禮儀標記，除了聖洗的標記之外，或許已經沒有更好的例子足以說明兒童在標記上的思考能力。例如，兒童深深著迷於復活蠟燭的光，更加受到交在他們手中、從復活蠟點燃的小蠟燭的燭光所吸引。

　　兒童也能夠輕易地將燭光連結至其他存於兒童內在的光，當我們提問：「復活基督給我們的光，只存在於蠟燭上嗎？我

們在什麼地方也帶著復活基督的光呢？」就連三、四歲的孩子都能夠很有自信地回答：「在我們心中。」

最適合默想聖洗標記的時節，是燭光禮慶典之後的復活期（燭光禮將在第10章有更多的說明），從燭光禮中，兒童已經能將復活蠟連結為復活基督的標記。

▶ 光和白衣

當我們邀請兒童聚集到「聖洗的角落」時，先說明聖洗是一個大禮物，而我們要一起仔細地來看看這份禮物。我們首先聚焦於「復活蠟」上，說明這是復活基督的標記。

我們也回想在耶穌來到地球之前，人們已經等待了很久很久。從依撒意亞（以賽亞）先知書中，我們知道「皓光」即將來臨，然後有一天，在白冷（伯利恆）這個小城，有一個嬰孩

誕生了，皓光終於來到世上！（此時點燃復活蠟）

這道光多麼美麗！人們多想看到這道光，多麼想親近這道光！但耶穌發生了什麼事？我們知道耶穌被釘在十字架上，他死於十字架上，而當他在十字架上死亡時，這道光發生了什麼事？光，熄滅了。（我們熄滅復活蠟，但十分短暫，然後提問）又發生了什麼事呢？耶穌從死亡中復活了！是的，那麼這道光又怎麼了呢？光又回來了！（我們再次點燃復活蠟）是的，這一次，這道光更亮、更強大，復活基督的光比死亡更強大，永遠都無法被熄滅。

我們接著從燭光禮慶典中回想，耶穌來到世界上，並不是為自己保留這道光，而是要和我們分享他的光！我們的聖洗就是接受他的光最特別的方式，在領洗那一天，我們的名字會被呼喚，而我們的「領洗蠟燭」會從復活蠟上引燃。（孩童在幫助之下，逐一從復活蠟點燃手中的小蠟燭）然後我們花點時間去看、享受並思索我們在領洗時領受的光。

一開始，非常小的孩子會深受手中的蠟燭吸引而著迷，他們會很快地回應出我們在哪裡還帶著復活基督的光（「在我們心裡」），隨著兒童繼續思索其他聖洗的標記，他們的覺知能力會帶著他們理解當他們的小蠟燭從復活蠟引燃時，發生了什麼事。（光變大了，光散播了！）

在孩童長大一點，約六歲之後，我們會再提問：「當我們死的時候，我們領洗蠟的光會怎麼樣？會熄滅嗎？」兒童幾乎都會勇敢地回答：「不會，這是基督之光，他從死亡復活，他

的光永遠不會熄滅！」

在同一個示範中，我們通常會介紹「白衣」，注意到白衣就像光一樣亮白，告訴我們聖洗就是讓我們沐浴在光中，光會照耀我們的內在和外在！（注意：製作白衣時，最好做得很小、很簡單，像長白衣一樣，比較是象徵性的白衣，而不是嬰兒在領洗時所穿的領洗白衣的縮小版）

▶ 聖水、聖言，以及聖油

在這個示範中，我們先聚焦在「聖洗池中的水」，說明水是聖洗中重要的一環。為什麼是水呢？水重要嗎？水有哪些重要性？

✦ 所有的生物都需要水，我們必須要喝水，動植物要活著也需要水！

✦ 水是清潔所需：清潔我們的身體、衣服、我們的家等等。

✦ 水令人恢復精神，在炎熱的夏天，我們會在水裡游泳，水讓我們感覺清涼。

✦ 水的美值得欣賞，涓滴水流可能很安靜，又或者洶湧巨流可發出有趣的聲音。

聖洗的水帶給我們非常特別的生命，在我們領洗時，給我們的是誰的生命？誰的光？在我們領洗時，神父會在聖水中做一件特別的事，引導員安靜地用貝殼舀水，在自己的拳頭上倒水三次。

通常兒童只會注意到倒水，卻不會留意倒了幾次水，因此引導員可以重複這個手勢，請兒童注意看倒了幾次水。為什麼倒三次水呢？引導員再次倒水，現在再加入禱詞，說明神父會先呼喚孩童的名字，接著說：「我因父、及子、及聖神之名，

給你授洗。」

我們的聖洗聖事是一份來自神、天父、耶穌與聖神（聖靈）的禮物。之後如果兒童願意的話，可以邀請兒童輪流舀水倒在自己的拳頭上。

然後我們轉向「聖經」，在聖洗池旁的讀經台上。兒童已經十分熟悉聖經就是天主的聖言，在我們領洗時會恭讀聖經。我們回顧，當我們聆聽聖經時，神親身臨在，而祂的聖言將光帶到我們心中、我們的生命中，每當我們聆聽天主聖言，祂就會繼續給我們更多復活基督的光和生命。

現在，或是晚一點，我們繼續默想「聖油」的標記。這是在聖洗聖事中透過聖油我們領受的另一個禮物。我們在用水洗禮之前，首先被敷以第一種油——候洗聖油。當兒童的手指摸到油的時候，他們會注意到油的順滑觸感，油可以潤滑並保護我們的皮膚，在聖洗聖事中，我們被敷上候洗聖油，以保護我們免於邪惡。

在我們以水受洗之後，我們會再敷上另一種油，稱為聖化聖油，這油的觸感一樣，但有一個特別之處，兒童會注意到這油有一種甜甜的香味，一種美妙的氣味，就像香水一樣，這種香氣會擴散在空氣當中，別人也會聞到。這告訴我們關於聖洗聖事的什麼事情？我們有沒有也具備這種像基督一樣的甜美氣味呢？這種新的甜美氣味會不會為別人帶來祝福？會不會讓那些靠近我們的人也感覺愉快呢？

▶ 聖洗的手勢

通常是當兒童五到六歲時，我們轉而把焦點放在聖洗的手勢上：

- ◆ 手心向下，覆手於聖洗池的聖水之上
- ◆ 十字聖號（在聖洗禮開始時在兒童身上畫一個小的十字聖號，在聖洗禮尾聲時畫一個大的十字聖號，作為祝福）
- ◆ 將聖洗的聖水倒在孩童頭上（或浸水式，若那是兒童受洗的教堂採用的唯一方式）

禮儀手勢也是一種語言，甚至不需要相襯的祈禱詞，將焦點放在每一個手勢上十分重要，讓兒童可以真正看清並「聽見手勢的訊息」。因此，我們會先安靜地做手勢（聖洗聖事的手勢以及聖體聖事的手勢），然後再默想手勢，最後再加入禱詞。

　　覆手（epiclesis，呼求聖神降臨之意）：在安靜地做完手勢後，我們邀請兒童來說出這個手勢從哪裡開始（朝上，向上至天上，朝向神），手勢如何移動（向下，朝向水）。我們只需要提供一些線索：神父請求神送下禮物。神送來什麼連看都看不見的禮物呢？（到這個年齡，已經默想過聖體聖事中的呼求聖神降臨手勢，兒童通常可以輕易地說出這份禮物就是聖神）這個手勢改變了水，這個水將會成為給予新生命的新水。但是，是誰的生命呢？

　　倒水的手勢：接下來將焦點轉而放在「倒水的手勢」，再做一次手勢，然後思索其意義。示範並留意神父沒有做的事也很有幫助。（引導員可以重做一次手勢，但這次不要倒水，而只是滴幾滴水）在這個手勢當中，輕灑幾滴水和倒水有什麼不同？這裡提供了多少水？（只有一點點）我們覺得耶穌想要跟我們分享多少他的生命？（很多！）（重做倒水的手勢）善牧說，他來是為了要我們獲得「更豐富的生命」。

聖洗聖事中還有另外一個手勢，是我們已經十分熟悉的手勢（引導員用姆指在每個孩子的額前畫一個小的十字聖號，兒童已經知道這個十字記號）。在我們領洗時，神父以及我們的父母和代父母都會為我們畫上這個標記，他們用最強壯的手指（也就是大姆指）在我們頭上畫聖號，意思是讓這個聖號進到我們心中，這個標記表示我們是善牧的羊。

在我們領洗之後，聚集到祭台前，神父會做另一個手勢（引導員在每個孩童面前畫出一個大的十字聖號）。同樣地，兒童也會很輕易地辨識出十字記號。在我們領洗結束時，神父會在我們、我們的父母和代父母，以及全體參與聖洗聖事的成員面前做這個手勢，這個十字是什麼樣的？它很大，在我們面前，而不是在我們身體上，就像一面在我們身前的盾牌，保護並祝福我們。

兒童六歲以後，我們會繼續向兒童介紹一個簡短版的聖洗禮儀（在兒童參與教會聖洗禮儀時，他們已經知道最根本的儀式程序），兒童年齡更大一點的時候，我們就會向他們介紹完整的聖洗禮儀（包括禮儀當中的所有時刻與祈禱經文）。但任何關於聖洗意涵的知識或是禮儀的進行流程，都無法取代兒童透過這種方式默想聖洗禮儀標記的深度。

CHAPTER 9

— • —

與善牧相會：
介紹聖體聖事（聖餐禮）

By Sofia Cavalletti, Patricia Coulter, Rebekah Rojcewicz

　　兒童是否能夠理解和享受聖體聖事（又名感恩禮或感恩聖事）的重要性呢？還是這對兒童來說是過於偉大的奧秘？等他們成熟一點再向他們介紹會不會比較好？遺憾的是，這是人們在某個時代的意見，直到兒童教了我們一課。吸引兒童的是最簡要、最深刻的本質，把事情複雜化的往往是成人。沒有任何事物能夠比聖體聖事的偉大更簡單、更根本，而兒童早已具備了理解並享受這份禮物的能力。

　　先前，我們在與兒童工作的經驗中（就如瑪利亞·蒙特梭利博士也見證過）已經見識過兒童如何受到彌撒中那些具體、感官的部分所吸引：禮儀顏色、祭台之美、自己擺設模型祭台時的愉悅。我們也看到兒童在遊行和祈禱慶典時，對靜默、莊

167

重與尊嚴感的投入。許多年來，我們不斷地追尋能夠穿透聖體
聖事奧秘核心的那把鑰匙，最終是兒童向我們指出，那把鑰匙
就是善牧（好牧人）的比喻。

聖體聖事的時刻與場景，就是善牧呼喚他的羊，以便與羊
同在，並把自己的生命以特定的方式給予他的羊。當我們將這
把鑰匙提供給兒童，他們的回應彷彿在說：「這就是我們在等
待的！」在兒童身上的平安與喜樂中，我們看見兒童那深切的
需求已被滿足。

在這裡，我們會先說明「善牧臨在聖體內」的示範，然
後繼續描述示範的細節（命名，以及動作相關的活動：模型祭
台、祭衣和禮儀顏色）以及兒童的工作，這些工作讓兒童做好
準備，更完整地進入聖體聖事奧秘的核心。聖體聖事是我們和
耶穌善牧最獨特的會面方式。我們也會描述聖體臨在的豐富

性，如何透過對於彌撒手勢的默想而繼續開展。

▶ 善牧臨在聖體內

　　神最棒的禮物都需要我們做好最棒的準備，才能完整充分地認識與欣賞它們。同樣地，這個示範的禮物，也需要孩童先透過日常生活活動、命名活動以及模型祭台、祭衣和禮儀顏色等動作的活動而讓身心先安頓下來。

　　更重要的是，需要孩童先認識善牧，並且能夠辨認出羊就是人，而我們就是羊（這取決於兒童與善牧比喻的經驗，通常兒童在五到六歲左右，就能對此有意識上的認知）。

教具描述

　　◆與「善牧」比喻使用同一套教具（聖經、關於善牧比喻的聖經小冊、上面放有羊棧柵欄與柵門的綠色圓型底座、牧羊人與羊的平面立牌）。

✦ 現在再加入第二個同尺寸的圓型底座作為羊棧，這個圓型底座上覆有一塊綠色不織布，還有一個小型的祭台桌放在這個圓型底座上。

✦ 還有一個盒子，裝著適合祭台桌尺寸的白色祭台桌布、迷你聖爵模型、迷你聖體盤模型，上面黏有麵餅的複製品，一個可以立在祭台桌上的黑白善牧立牌，以及平面的人型立牌（兒童和成人的立牌，數量和羊的數量相同，其中一個人型立牌是神父）。

✦ 為兒童的獨立工作所準備的，除了上述的教具之外，還有一本橘色封面的小書，印有最簡單的祝聖詞。小書的封面印有善牧、聖體盤和聖爵的圖樣。在小書內頁左側，在聖體盤圖樣的下方印有「這是我的身體」。在小書內頁右側，在聖爵圖樣的下方印有「這杯聖爵是我的血」。

初次向兒童示範教具

1. **引言**：邀請兒童聚集在善牧比喻的羊棧和立牌附近，我們一起回想比喻故事中的重要細節，尤其是善牧認識羊的名字，並給予羊一切所需。善牧總是與他的羊同在，總是為了羊而捨棄自己的性命，但是有一種特別的方式，是他想要和他的羊同在並為羊捨棄性命的方式，我們稱這個時刻、這個方式為「彌撒」（或是聖體聖事）。

2. **默想聖體的臨在**：（這時，我們會拿出第二個綠色的圓型底盤，以及小型祭台桌，放在羊棧底盤旁邊，將白色祭台布放在祭台上，然後把小型的黑白善牧立牌放在祭台上）善牧依羊的名字呼喚羊來到這個地方，在這個時刻，與善牧同在（從羊棧那邊，把羊一隻一隻帶過來，圍在祭台旁）。

當我們去參加彌撒的時候，善牧的態像或是圖像有在場嗎？（這個時刻兒童是非常睿智的，他們會快速地回答：「沒有。」）善牧是以「餅和酒」的形象臨在彌撒中（這時我們把聖體盤和聖爵模型放在祭台上，放在善牧立牌的前面）。我們有沒有看到善牧的態像或圖像，都沒有關係（我們暫時把善牧立牌移走），因為他真實地臨在「餅和酒」當中。

注意：在初次示範「善牧臨在聖體內」時，我們會把善牧立牌放回祭台桌上，和聖體盤與聖爵一起。重要的是不要突然完全改變善牧的形象，而是在「比喻的具體形象」與「禮儀時刻」之間架起一道橋梁，以一種新方式呈現牧羊人與羊。也因此，我們過一段時間後才將羊型立牌和人型立牌做替換，我們會先允許兒童有時間去思量與感受彌撒中「羊群聚集在善牧身

邊」這幅圖像所帶來的滿足感。

善牧呼喚羊的名字，羊聆聽善牧的聲音、前來和善牧同在，這是以一種新的方式來呈現餅和酒。

如同以往，我們會讓孩童有時間做更進一步的祈禱式回應，孩童能夠凝視和享受善牧與羊以新的方式同在的圖像，這就是這個示範最重要的目的了。除了兒童獨立操作教具，他們也會透過藝術作品來回應這個訊息。

再次向兒童示範教具

稍後的善牧小室課程中（在兒童有機會如同初次示範所做的去操作教具之後），我們會再回到「善牧臨在聖體中」的教具，再做一次初次示範。這次，當我們在祭台桌上擺上聖體盤和聖爵，並建立這就是「善牧」在「彌撒」當中的臨在方式，我們會把小型的善牧立牌拿走，並收回盒子裡。接著：

1. **說明羊的真正身分，牧羊人真的想要與羊同在，為羊捨棄性命**：邀請兒童逐一將羊型立牌放回羊棧，並從盒子裡面拿一個人型立牌來取代羊，放在祭台桌旁，引導員把代表神父的立牌先保留，為了要取代最後一隻羊。

2. **確認神父的特殊角色**：（剩下最後一隻羊時，引導員將羊放回羊棧，並將神父的立牌放在祭台旁）在這群羊之間，有一隻羊身負特殊的角色，而且做的是非常重要的事。我們稱呼這隻羊為神父。神父會說耶穌的話語，他的話語告訴我們「餅」

和「酒」真正的內容是什麼。

3. **聚焦於祝聖詞**：擘餅時他說：「你們大家拿去吃：這就是我的身體，將為你們而犧牲。」拿起酒時他說：「你們大家拿去喝：這一杯就是我的血……將為你們和眾人傾流。」這些詞句（「我的身體，我的血」）似乎有點奇怪，但這真正的意思是在說明：「這是我，這些都是我。」善牧呼喚他的羊的名字，呼喚羊來到祭台前，才能以餅和酒的方式，把自己給了羊。

同樣地，我們讓孩童有時間進一步地去做祈禱式的回應，再邀請兒童去選擇自己的工作，包括操作剛示範的教具、藝術工作，也可以自己做祝聖詞的小書。

▶ 聖經與禮儀之間的連結

我們剛剛所描述的示範過程，展現了聖經經文與禮儀之間的連結關鍵，如卡瓦蕾緹博士在《與孩童一起體驗神》的〈基督善牧和感恩禮〉章節中所言，聖經和禮儀並不是兩個分開的個體，而是「只有我們用一生的生命去活出來的聖經，而禮儀上更是如此。缺了前者（聖經），後者（禮儀）生活中那些熱切、強烈的時刻就被剝奪了；缺了後者，前者則會失去基礎、變得空洞」[1]。

觀察兒童對這個示範的回應，我們可以看到善牧比喻對孩

---

1. 參見蘇菲亞・卡瓦蕾緹所著之《與孩童一起體驗神》（啟示出版）第 102 頁。

童帶來的情感影響力是十分強大而深遠的，甚至會延伸到聖體聖事的慶祝上。然後，兒童會開始「情感整合」（心理學上的用語）的過程，這是結合了情感與心智的覺察與理解。我們可以從兒童的藝術作品中看到，在兒童的情感與心智中，比喻與禮儀是時時刻刻緊密交織在一起的，兒童在作品當中幾乎都把祭台畫成圓形（就像羊棧一樣），並把祭台擺在戶外場景（就像羊的牧場），也常在祭台前將人與羊混合放在一起。

說到聖經與禮儀的合一，大概沒有什麼比一個五歲小男孩的圖畫表現得更清晰了，他在圖畫紙的上半頁畫了善牧和羊，然後畫一條線橫跨紙張中段，下半頁畫了祭台以及坐在教堂長椅上的人們。最後他在兩邊畫了兩條槓：「這個等於那個。」

兒童必須要認識聖體聖事，並且明白這個禮儀如何協助神與人、神與信友團體之間的關係。更重要的是，如果能幫助兒童透過這個禮儀享受與神的會面，兒童就能夠完整地經驗聖體聖事。它與兒童深愛的善牧比喻之間的連結，大大強化了兒童享受聖體聖事的經驗，也可以作為兒童持續探索與默想彌撒的跳板。

聖體聖事的禮儀標記

除了「最後晚餐」的重要示範之外（在四旬期中向兒童示範，屬於逾越奧蹟的一部分，在本書第10章有詳細說明），其他能夠幫助兒童享受聖體聖事以及默想其意涵的還有：

✦ 模型祭台（以及彌撒用品）
✦ 禮儀顏色和禮儀年曆
✦ 神父的祭衣
✦ 聖體聖事中的手勢

▶ 模型祭台

　　兒童會非常受到他們所處環境的吸引，也會很有興趣，無論是家庭環境、後院、學校、善牧小室或是聖堂。他們會很自然地探索，來更加認識所處的環境，身在其中也會更有安全感。他們喜愛環境中的顏色和形狀、味道和觸感，他們會持續在環境中移動，並投入環境裡有目的性的活動中。

　　因此，為了兒童，我們會先將焦點放在實體環境或是聖體聖事的設置：模型祭台與彌撒用品。通常是在善牧小室學年開始之初即做模型祭台的示範，在其後的兩、三年間，基本上就是命名與動作的示範。其他關於聖體聖事的示範，重點在於彌撒時所發生的奧秘，但對兒童來說，這一切的起始在於知道物品名稱，以及能夠自己擺設祭台所帶來的喜悅。

教具描述

✦ 小型的祭台（比兒童尺寸的祭台桌更小，這是為了讓示範與兒童的工作更客觀，雖然兒童在家中或在其他地方，還是會很自然地玩起「扮演彌撒」的遊戲）。祭台

桌要放在一個平台上,或是放在一張小而美的地毯上,以彰顯其特殊性。

✦ 適合祭台桌的白色祭台布。

✦ 祭台上的用品(注意:所有用品必須要搭配祭台桌的尺寸):小型聖體盤和聖爵(最好是能夠打蠟的金屬,如銅或銀製),一個復活耶穌十字架(最好是聖方濟十字架),兩支白色蠟燭和燭台。

✦ 有聖體盒的聖體龕和聖體燈。

✦ 彌撒經書《感恩祭典》的模型、讀經台,可能的話也準備一個安放《感恩祭典》的軟墊或書架(依據聖堂所使用的方式)。

✦ 一組小的酒水瓶、搖鈴(如果聖堂中有使用的話)、小的九折布模型、聖爵布、神父的擦手巾、滅蠟器。

✦ 火柴組(供引導員使用),包含沒有廣告包裝的火柴盒,以及一個小的容器裝用過的火柴。

✦ 一個特別的架子或是小型的「聖器櫃」來存放這些物品。

✦ 兒童個別的延伸工作:祭台貼工組、彌撒用品描圖封套、用品名稱的字卡,用品圖樣卡可與字卡配對。

向兒童示範

在兩到三年內,我們逐一向兒童示範:

✦ 祭台桌、祭台布、聖體盤、聖爵、十字架和蠟燭

◆ 聖體龕、聖體盒、聖體燈

◆ 彌撒經書：《感恩祭典》、讀經台和彌撒經書架

◆ 其他的用品：酒水壺、九折布、聖爵布、擦手巾、搖鈴

　　每一個示範的重點，都是用品的「命名」（讓兒童聽到並複述用品名稱），簡短說明器皿的定義（如：「這是聖體盤，聖體盤是一個特別的盤子，用來裝彌撒使用的麵餅。」）並示範用品放在祭台上的位置。在該次示範中的所有用品都放好之後，我們就會點蠟燭，並讓兒童有時間享受祭台之美。然後再示範如何緩慢而小心地收拾用品，每收一樣都再複述一次其名稱。接下來，我們邀請兒童（一次一位）自行設置祭台。之後我們帶兒童進入聖堂，在實際的祭台上或是聖器室（祭衣間）中，看到一樣的彌撒用品。

　　這些示範都不是走教學或學術的路線，我們並不是在「指導」兒童，而是和兒童一起享受彌撒器皿的美好與珍貴。兒童形而上的天性（他們可以同時接受物品的感官具體特質，也能領會物品的靈性層次）讓兒童能夠完整地讚嘆與感恩耶穌的餐點，因為如此特別的一餐，更需要優美的擺設與用具來襯托。兒童的眼睛與心靈能夠體會這是多麼重要的一項禮物。

　　之後我們會在模型祭台旁聚集，來示範神父的祭衣（白長衣、聖索、祭披和領帶）。這也是一個簡單的命名和動作的示範，示範時我們向兒童指出，因為聖體聖事的獨特，我們要精心預備祭台桌，神父也會穿著特別的衣物來慶祝耶穌的餐點。

再之後，我們可能會再訪聖堂的聖器室（祭衣間）去看真正的祭衣（如果神父能在兒童面前穿上祭衣，那會多麼有趣！）。

兒童最重要的工作則是自行擺設祭台桌，一開始兒童做得不完美，那不重要，他們會逐漸自我改正。除了學到彌撒用品的名稱、在聖堂中感覺更自在之外，擺設模型祭台的工作也幫助兒童進入祈禱。在兒童投入這個工作時，他們感到更為安頓，也更為專心，因此更能夠傾聽真正的內在「導師」，並接受隨後模型祭台帶來的禮物與所有聖體禮儀的默想。

日常生活活動中關於照顧祭台（例如擦灰塵、擦木器與銅器、銀器上蠟等）的活動，對兒童而言都是更進一步享受與模型祭台互動的機會，其他相關的手工活動如貼工、描圖等亦然。同樣地，我們常在兒童的藝術作品中看到兒童最豐富的回應。

▶ 禮儀的顏色

示範聖體聖事的間接目的，是為了讓兒童在聖堂中有自在如家的感受，並且能夠更完整地參與彌撒（即使是在孩童領聖體之前）。禮儀的顏色（聖堂中所使用的四個主要顏色：紫色、白色、綠色和紅色）標示出我們所在的節期，幫助我們更與禮儀節期同步。兒童對於顏色特別敏感，會歡喜地學習禮儀的顏色，當他們參與彌撒並注意到神父所穿的祭披顏色時，也會特別開心。

在這個示範中，我們預備四個顏色的小型祭披（比兒童尺寸更小，和模型祭台桌的尺寸相符）以及四個掛祭披的衣架。

我們逐一展示祭披，說出祭披的顏色，簡短說明該顏色代表的意涵，並將祭披掛在衣架上（之後當我們示範禮儀年曆時，會再進一步討論這些顏色的意義）。

- 和兒童示範時，與其依照禮儀年曆的順序來介紹禮儀顏色，不如從最重要的顏色開始介紹：白色。
- 白色：慶典的顏色，我們最大的慶典是聖誕節和復活節。
- 紫色：等待與預備慶典的顏色。
- 綠色：慶典之後的顏色，是成長期。
- 紅色：聖神降臨節的顏色。

注意：一開始時，可以簡單地向年幼的孩童說明，在聖堂中的不同時期會使用不同的特別顏色，然後展示祭披和命名顏色，再將祭披掛在衣架上。

兒童的工作是拿出祭披，將祭披掛在衣架上，再把祭披摺好收回。之後兒童可以做禮儀顏色相關的手工活動，如貼工或描圖。

禮儀年曆

我們也提供兒童禮儀年曆的拼圖來介紹禮儀年，拼圖中的每一塊代表一個主日，並漆上相對應的禮儀顏色。有三片拼圖塊就像是時鐘上的長短針一樣，指出三個重要的慶典，即聖誕節、復活節和聖神降臨節。我們在善牧小室中的生活要和聖堂一致，我們在善牧小室中的示範也會盡可能地配合聖堂中的禮儀時期。

聖體聖事的手勢

聖體聖事的手勢是最豐富的禮儀標記之一，透過動作告訴我們彌撒中真正發生的事。這些手勢通常會有伴隨的禱詞，但光是動作本身便是非常強大的語言。兒童很自然地會受到這些動作的吸引，我們要給他們機會去專注在這些非常豐富的禮儀動作上，甚至在他們開始默想禱詞之前，就去學習「閱讀」手勢。

這裡我們會說明示範給六歲以前兒童的聖體聖事的手勢，

以及示範的大致順序，這些示範會分散在兩到三年之間。

十字聖號：在第一次祭台示範之後不久，就會向兒童示範。我們指向祭台上的十字架，那告訴我們這是誰的餐食，然後我們回顧（在祭台示範中）十字架是耶穌的記號。之後，我們宣布這個耶穌的記號可以比祭台上的十字架更貼近我們，我們可以在自己身上標上這個記號。

我們邀請兒童觀看，然後安靜而緩慢地在我們身上「畫」一個十字記號（要誇張地「畫」出一個十字記號，而不是只有點出十字的四個點，這會幫助兒童將十字記號看得更清楚，當他們在做十字記號時，也會更清楚他們在畫的是什麼）。之後我們再邀請兒童重複同樣的手勢。

針對非常年幼的孩童，只做手勢就夠了。之後我們會再回顧手勢、重做、說明並默想祈禱詞，最後再將手勢和祈禱詞加在一起。同樣的順序也適用於聖體聖事的其他手勢（先單獨介紹手勢，然後單獨介紹禱詞，最後再一併介紹手勢和祈禱詞）。我們絕對不會匆忙加入祈禱詞，而是要給予兒童足夠的時間來思考和享受手勢本身所含帶的訊息。

覆手禮（或稱覆手）：我們向最年幼的兒童介紹覆手的手勢。在一張小桌上鋪上白色桌布，放上聖爵和聖體盤的模型（不是像模型祭台的迷你模型，而是一般尺寸的模型，並放有紙製麵餅），我們說明當我們去參加彌撒時，我們聽到一些特別的話語，同時也看到神父做一些特別的動作，被稱為「手勢」。這些手勢告訴我們一些非常重要的事，我們要仔細地觀

看，看看手勢在跟我們說什麼話（注意：在這個時刻，還不用命名手勢）。

我們邀請兒童觀看，然後我們緩慢而安靜地示範手勢。兒童必須要看到誇張的手勢動作，這樣他們才能在彌撒中把手勢的意義「看」得更清楚。我們向上看，同時手臂朝上伸展，但手心朝下展開，然後緩慢地將手臂和手朝下移動，在聖體盤和聖爵上方停住。隨後和兒童一起默想這些問題：

- ✦ 我的手勢從哪裡開始？（向上）朝向誰？
- ✦ 我們認為誰或是什麼在上面？（神、天堂）
- ✦ 我的手勢是如何移動的？（向下，向到我們所在的地上，向著餅和酒）

我在想，這代表什麼意思？我可以給你一點線索：神父在請求神降下禮物到餅和酒上。我在想，神會給我們什麼我們看

不到的禮物呢？（注意：兒童無法立刻回答「聖神」〔聖靈〕，
這並不重要，重要的是兒童「看見」神學意義上的禮物。第一
個動作是神的給予：這是盟約關係的基礎——神先給我們，
然後我們才回應。第二個是示範回應奉獻的手勢，之後才再回
到覆手禮，並加入默想手勢的禱詞，兒童便能夠明白，神送來
的、我們看不見的禮物，就是聖神）

　　正如所有手勢的示範，在示範當中，以及在之後的個別工
作中，兒童有機會自己做手勢。

　　奉獻禮的手勢：接下來是奉獻的手勢，雖然還是要視兒童
的年齡而定，但不需要等到一年後才示範。

　　如同覆手手勢的示範中，在預備祭台後我們會回顧和再做
一次覆手的手勢動作，我們這裡也提問：當我們接受禮物的時
候，會怎麼做？（兒童會說：「說謝謝。」）在彌撒時，神父

做了一個向神表達謝意的手勢（我們邀請兒童觀看，然後示範手勢，緩慢而安靜地將聖體盤和聖爵向上舉起，目光跟隨手的動作。我們在上面稍作暫停，然後移開目光，並將聖體盤與聖爵以稍快的速度放回桌上，這是為了強調手勢是由地向天的動作，而不是由地向天再回到地上的手勢）。

我們接著默想手勢，思考：

◆ 這個手勢從哪裡開始？（下面，指著我們所在的地）
◆ 這個手勢如何移動？（向上，朝向神，朝著天上）
◆ 神父手中有什麼？（聖體盤和聖爵，餅和酒；但在彌撒中，餅和酒變成耶穌，所以我們可以問：我們向神奉獻什麼來表達謝意？）

之後，當我們回顧奉獻的手勢時，再加入默想禱詞：「藉著基督，偕同基督，在基督裡，並聯合聖神，都歸於祢，直到永遠。」兒童的意識將會不斷擴展，而這份禮物的本質 —— 耶穌善牧（好牧人）的臨在 —— 將會成為更完整的「阿們」。「阿們」這個僅有單詞的祈禱文，代表人們對神的回應，它既微小又浩大，是我們一再向神表達「是的，我們同意，我們相信就是如此！」的回響。當兒童有時間操作下列的手勢示範時，兒童對我們做出奉獻手勢的理解便會更完整。

準備聖爵：（在彌撒中，準備聖爵常被成人忽略，部分原因是準備聖爵的禱詞通常是神父默唸的）準備聖爵的示範會吸

引兒童的注意，並邀請兒童和我們一起進入聖體聖事的偉大奧秘中。為什麼神父在聖爵中倒入這麼多的酒，但只有幾滴水？這代表什麼意思？

我們首先向兒童示範，使用（真正的）酒和水來準備酒水瓶。兒童喜愛酒的顏色和香味，而且因為自己能夠親身操作而感到滿足。然後我們聚集一起，來看看在彌撒中，神父如何運用準備好的酒水瓶。我們安靜而緩慢地將酒水瓶中所有的酒，倒入一個玻璃聖爵裡（如此能夠清楚地看見內容物），再從另一個酒水瓶倒幾滴水進去，邀請兒童說出我們所做的事（倒酒進聖爵，再倒水進聖爵）。之後再提出幾個問題來思考：

✦ 我倒進多少酒？（很多，全部）倒進多少水？（只有一點點，只有幾滴）

✦ 我在想，為什麼倒進這麼多酒？我可以給你一點線索：酒代表神，水就像人，像我們。為什麼倒這麼多酒？（注

意：兒童能夠輕易地回答：「因為神很大。」沒有必要
把焦點放在水的「渺小」之上，兒童已經能夠心領神會
神的偉大與驚奇，神之「大」）

✦ 水怎麼了？我們看得到水嗎？可以把剛倒進去的水拿出
來嗎？

✦ 這告訴我們什麼秘密？（注意：這個問題必須要保持開
放，不要給兒童答案也不要強迫兒童給我們答案，這是
真正的「驚奇的問題」，其目的是啟發兒童進一步探索
和發現）

隨著時間的推移，兒童會重複地準備酒水瓶，以及思索聖
爵的準備，尤其是在個人獨立操作數次之後，兒童有的時候會
突然宣布：「我們融入在耶穌當中！」或是「這表示：神和我
們，是非常親近的。」

在兒童六歲以後，我們能夠觀察到，當兒童進一步默想奉
獻的手勢時，會自動與「準備聖爵」做出連結。兒童準備聖爵
的經驗讓他們能夠「看到」我們自己也是奉獻的一部分，正如
水被加入酒當中，與酒合而為一，因此我們在給予天父的奉獻
當中，也與基督以不可分割之姿相融一體。

與大一點的兒童工作時，當我們默想這個手勢的祈禱詞
「酒水的攙合，象徵神取了我們的人性，願我們也分享基督的神
性」的時候，兒童也會思索，水和酒的攙合是耶穌宣告他的身
分：「神性」和「人性」、「真神」和「真人」。

平安禮（The sign of peace）：平安的標記對五到六歲的兒童特別有意義，因為他們開始更真誠的社交，也因此更能夠覺察身邊的群體（尤其是他們自己的朋友圈）。聖體聖事中的平安禮手勢，與覆手禮、奉獻禮這兩個相對應的手勢緊密相連，它指明了盟約關係中的上下直向關係（神的禮物、我們向神的回應），然而盟約關係還有另一個面向，就是水平橫向關係。

神與我們的盟約是極度個人化也極度群體化的，善牧呼喚每一隻羊的名字，但他同時也聚集羊群，這個羊群會一直成長，直到有一天，如同善牧在〈若望福音〉（約翰福音）10章16節告訴我們的：「將只有一個羊群，一個牧人。」平安禮的手勢即是我們對於此一呼召的回應──要和彼此分享基督。這個標記指明了我們在基督內和彼此的深刻連結，而這樣的連結是透過神所賜予的和平禮物。

這個示範一樣要先在小桌上鋪上白色桌布，放上聖體盤（裝有紙型麵餅）與聖爵。簡短地回顧和重做覆手禮手勢和奉獻禮手勢，再次強調手勢的動作：從天上降至地上，從地上再回到天上。除了這兩種手勢之外，彌撒中還有另一個很重要的手勢，就是接下來的，我們安靜地將手伸向離我們最近的孩

童，在孩童的手與我們的手相接時稍微暫停，然後邀請兒童將這個手勢向群體中其他兒童傳下去。

我們再一次邀請兒童去注意，當我們和其他人握手時，發生了什麼事——我們彼此結合、彼此聯繫。如同所有的手勢示範一樣，我們也會接著說明伴隨這個手勢的祈禱詞「願基督的平安與你們同在」或是我們常聽見的「基督的平安」。這裡我們與彼此分享的是什麼？把我們連結在一起的是什麼？

神父的洗手禮：最後還有一個示範，也稱為「洗手禮」（lavabo）。這取決於兒童的年齡以及他們在善牧小室的時間長短，這個示範有可能是在第一階段善牧小室（3～6歲）課程的後期，或是在第二階段（6～9歲）的前期進行。

在上述二者中，示範僅包含簡單說明手勢、安靜地示範神父的動作，然後簡短地默想手勢的意義。在這裡所強調的重點是，這個手勢是神父和我們都渴望要從內在潔淨，擁有「潔淨的心和合適的神態」，才能在聖體聖事中迎接要來與我們同在的「那一位」。

CHAPTER 10

——•——

慶祝在基督內的生活：聖誕節、復活節和聖神降臨節

By Sofia Cavalletti, Patricia Coulter, Rebekah Rojcewicz

長久以來我們對兒童的觀察，幫助我們聽到了兒童未能說出的請求 —— 請求感受我們信仰中最偉大的奧秘，最棒也最豐富的「食糧」，也就是：

✦ 降生奧蹟：「厄瑪奴耳」（以馬內利）的來臨，即「神與我們同在」。

✦ 逾越奧蹟：基督的受難、死亡和復活，邀請我們透過聖洗聖事（洗禮）與我們分享基督復活的生命。

✦ 在聖神（聖靈）降臨節時的聖神降臨：賦予我們個人與教會能力，體驗在基督內圓滿的生活，協助我們在世上建立天主的國。

　　為了自身的成長與喜樂，也為了能夠更完整地參與教會慶典，兒童需要認識這些偉大的奧秘和教會生活中的相應慶典。為了這個目的，我們所能提供的最好幫助，就是引導兒童進入聖經中，福音書是來源，是生命活水的泉源。

▶ 聖誕節：大喜訊！

愛的奧蹟

　　於是，聖言成了血肉，寄居在我們中間。（若望／約翰福音 1:14）

　　「降生」（道成肉身）是歷史中準備了許久的時刻，透過這位「嬰孩」，天與地相接、合而為一。天使向牧羊人宣告「一個為全民族的大喜訊」：那嬰孩是「一位救世者，他是主默西亞（彌賽亞）」。多麼偉大的奧蹟！對我們所有人來說，是至高無上的愛的禮物！

　　為了幫助兒童更深刻地瞭解這個愛的奧蹟，我們提供了以下的示範和教具，用於兒童的個人工作：

♦ 以色列國土的地理
♦ 默西亞預言選集（出自舊約）
♦ 出自〈瑪竇福音〉（馬太福音）和〈路加福音〉的耶穌童年敘事

　　我們也和兒童一起進行兩個慶典，一個是慶祝將臨期開始，另一個是慶祝聖誕節與主顯節的來臨。

▶ 以色列國土的地理

　　在靠近將臨期的時候，我們介紹耶穌的出生國——以色列——來讓兒童做好準備，更完整地進入「降生的奧蹟」。

　　透過「水陸地球儀」（地球儀上只有可辨識的陸地和水的形狀，減少其他細節以免分散兒童的注意力，只把焦點放在紅點標示的以色列上），我們簡單地向兒童說明，我們很快地就要準備聖誕節的慶祝。我們在聖誕節的時候慶祝的是什麼？在這個寬廣的世界上，神選擇了一個特別的國家，一個非常小的國家——以色列。

　　兒童喜悅地找到地球儀上的小紅點，並且學到耶穌的國家名稱，雖然我們不和兒童討論，但他們已經吸收到「降生的奧蹟」中很重要的重點：神選擇了一個最小的「器皿」來實現最偉大的工作！

　　我們從地球儀換到另一種地圖「立體的以色列地形圖」，

來幫助我們更仔細地認識耶穌的國土。這個地圖幫助我們看到以色列的山丘地形，有綠色的沃野，也有沙漠區域和水域。對兒童而言，透過這個方式，以色列國土就變得更為真實，同樣地，耶穌也變得更為真實。這會給孩童一個印象，就是耶穌是一位真實存在的人物，他住在一個特定的地方。

欣賞完以色列國土的地形之後，我們會繼續標示出耶穌生命中三個重要的城市，並予以命名：天使向瑪利亞宣報她即將成為耶穌母親的地方納匝肋（拿撒勒）、耶穌誕生的白冷城（伯利恆），以及耶穌一生中最重要的城市耶路撒冷，耶穌在耶路撒冷死亡而又復活。僅只是熟悉這些地名，就能讓兒童更貼近之後我們恭讀和默想耶穌童年敘事相關的經文。

兒童的工作還包括「以色列地理拼圖」，標明以色列國土的四個區域，一窺耶穌在不同區域傳道、教誨與療癒的行旅途跡。兒童有興趣也有相應的能力時，也能自製以色列地圖。

將臨期的默西亞預言

在將臨期之初，我們遊行至祈禱桌前，將桌布改成紫色，並放上共同製作的將臨圈，代表聖誕節慶典前的四週等待預備期。我們也可以在祈禱桌上放一個空的馬槽，孩童很自然地就能理解收到禮物的期待與喜悅，在聖誕節的時候，我們要慶祝的最大禮物是什麼呢？（「耶穌！」兒童已經知道了！）

為了加深兒童對聖誕禮物的的知識，以及他們對此的喜悅

期待，我們在第一階段善牧小室（3～6歲）的兩到三年間，提供五個默西亞預言：

+ 皓光的預言（依撒意亞／以賽亞書9:1）
+ 默西亞名字的預言（依撒意亞9:6）
+ 聖母與厄瑪奴耳（以馬內利）的預言（依撒意亞7:14）
+ 耶穌的出生地的預言（米該亞／彌迦書5:1）
+ 異星與棍杖的預言（戶籍紀／民數記17:24）

　　在向兒童示範這些預言時，會先說明我們與整個教會當下所處的禮儀時期，是聖誕節前的等待預備期，為了慶祝耶穌的誕生。在耶穌誕生很久之前，人們已花了很長時間等待他的來臨。在耶穌誕生很久之前，人們已花了很長時間等待他的來臨。神想要人們知道這個禮物何時來到、是什麼樣子，才能認出與迎接這個禮物的到來！因此神將關於這個禮物的線索給了一些人，這些人被稱為「先知」，先知會全心全意聆聽神，然後把神的秘密分享給其他人。今天我們就要來聽聽其中一個秘密，這個秘密會給我們什麼線索呢？

　　然後我們恭讀聖經中的預言，並簡短地回顧我們聽到的內容。我們必須謹記的是，這些預言本身具有非常強大的意象，幾乎不需要我們多做任何解釋。例如，不必解釋〈依撒意亞〉9章6節中默西亞預言名字的含意，兒童對語言與奧秘十分敏感，他們會帶領我們，只要恭敬地宣讀預言，並激起他們的驚奇即可：

✦「那個嬰孩是誰？」（是皓光，是一個尋常的寶寶，卻又帶著如同神一般強而有力的名字，事實上，他就是「厄瑪奴耳」：天主與我們同在，同時也是天主子民的善牧，晨星與棍杖）

✦「那個母親是誰？」神會不會為耶穌選派一位特別的媽媽？我們得到什麼關於這個媽媽的線索？她只是「一個年輕少女」，但神選她作為厄瑪奴耳的母親。因此我們繼續思索：為什麼選她？她有什麼特別之處？

✦神會不會為耶穌選擇一個特別的誕生地？神會選擇什麼樣的地方呢？一個又大又重要的城市嗎？白冷城是一個既小又「不重要」的地方，但誰在這裡誕生？他又會成為誰？

我們也會把這些預言用漂亮的字跡寫在大張的祈禱卡上，到最後，兒童會朗讀、抄寫和繪畫（或「裝飾」）祈禱卡。

▶ 耶穌童年敘事

在〈瑪竇福音〉和〈路加福音〉中可以找到關於耶穌誕生的記事，載明耶穌誕生的事跡，但其提供的寶藏卻遠大於事跡本身。

也就是說，這些記事幫助我們詮釋最偉大的「標記」。在「主默西亞」的誕生中，天使向牧羊人宣報「這是給你們的記

號⋯⋯一個嬰兒，裹著襁褓，躺在馬槽裏」。就如其他的「標記」一樣，兒童也需要我們的幫助，才能讀懂並默想這個訊息。

引導員最重要的任務，是預備一個安靜的空間，幫助兒童準備好去聆聽天主聖言。當兒童於秋季第一次進到善牧小室時，我們就以此為目標；直至將臨期時，兒童已在工作中身心安頓，並因此更有能力專注與聆聽，我們的角色只是宣讀這些高貴而強力的經文，並激起兒童在降生奧蹟上的驚奇。

在兩到三年之間，我們會講述這五個耶穌童年敘事，並與兒童一起默想，一次只介紹一個耶穌童年敘事。如同默西亞預言一樣，如果我們從兒童非常年幼就開始，每一年我們不會給予超過兩個耶穌童年敘事。以下說明示範的大致順序：

✦ **聖母領報**（路加福音1:26-38）：因為這段經文的長度較長，對非常年幼的兒童，我們可能一開始只會提供26-32a、34-35與37-38，或甚至更少的經節，然後隔年示範時再加入其他的經節。

✦ **耶穌誕生與牧羊人來朝**（路加福音2:1-20）：同樣地，對非常年幼的兒童，我們可能只示範耶穌誕生其中的一段，隔週再加入牧羊人來朝。

✦ **聖母訪親**（路加福音1:39-49、56）：針對幼童，我們只讀到「聖母謝主曲」的前四句，其他的經文則留待兒童較大時再進行（九歲以後），那時兒童已開始學習天國的歷史，更能夠理解「亞巴郎（亞伯拉罕）和他的子孫」

的相關性，同時也能理解神從高位推下權貴，卻提拔弱
小卑微的形象。

◆ **賢士來朝**（瑪竇福音2:1-12）。

◆ **獻耶穌於聖殿**（路加福音2:22-33、36-39）：對兒童而
言，我們省略 34-35節中西默盎（西面）對瑪利亞利劍
刺心的預言。

兒童六歲以後，我們會繼續閱讀和默想「逃往埃及」（瑪竇
福音2:13-15、19-23）的敘事。

教具描述

◆ 聖經。

◆ 每一則敘事都有對應的白色聖經小冊，在第一頁有地
圖，以紅點標示出這個事件的發生處。

◆ 蠟燭和點蠟組。

◆ 簡單的模型（注意：模型必須很簡潔，但要很真實，盡
可能是立體模型，比較抽象化的對摺或是三摺的背景要
留給大一點的兒童）。

◆ 立體態像，放在盒子或籃子裡（這些態像可以是市售或
是手工製成，但必須是兒童能夠輕易移動的，而且要比
較擬真與莊嚴，而不是可愛或好玩的形象）。

◆ 在介紹每一個耶穌童年敘事時，要再回溯至以色列地形圖
或是其他的以色列地圖，作為經文朗讀的背景參考。

▶ 向兒童示範耶穌童年敘事

耶穌童年敘事的示範，通常包括以下步驟：

引言：在介紹時，我們說明禮儀期節，並簡短回顧我們之前享受關於我們等待的「那一位」的一些亮點。我們即將朗讀與經文相關的事件，通常在這裡會提出一個問題，以吸引兒童專注聆聽經文。我們同時也指出這個事件發生在地圖上的什麼地方，以強化此事件的「真實性」。

注意：在與兒童工作的早期，我們假定必須要先用我們自己的話語來解釋這個事件，然後再宣讀聖經——我們以為這樣能夠幫助兒童更聽懂聖經內容，結果我們花了很長的時間才體會到並不需要如此。實際上，這樣的做法剝奪了兒童在聆聽時經文本身對他們的影響力。天主聖言是強而有力的，而兒童的

內在導師對於宣報的奧蹟十分警醒。在恭讀聖經之後所進行的默想，則讓兒童更進一步去思索他們聽到的內容。

恭讀聖經經文：通常點燃蠟燭之後，才恭讀聖經。

介紹教具：（教具是給兒童獨立操作之用）命名教具中的物件，介紹教具的使用方式，包括聖經小冊。對年幼的兒童來說，在第一次恭讀聖經時就示範教具可以幫助兒童專注地聆聽經文，但我們的目標是第一次恭讀聖經時先不示範教具，之後才漸漸示範與經文相應的教具。如果在第一次恭讀經文時便示範教具，我們只能做出嚴格對照經文內容的簡單動作。此外，我們是在讀完經文後再移動教具，而不是同時進行。

默想與祈禱式回應：我們先回顧和沉浸於剛剛和兒童一起聆聽的聖經內容，這不只是「複習」和確認兒童聽到、理解的經文內容！我們會強調一個特別重要的詞，並給予另一個同義詞以供思考。例如，當示範「聖母領報」時，我們可能會問兒童：「瑪利亞的特別訪客是誰？」（天使加俾額爾／加百列）「是的，加俾額爾是天使，是神的使者。」

在默想時，我們可能也會重複一些特別重要的經文或詞組，例如加俾額爾對瑪利亞的招呼語：「萬福！充滿恩寵者。」或是瑪利亞的回應：「看，上主的婢女，願照你的話成就於我吧！」或是加俾額爾說的：「因為在天主前沒有不能的事。」

同時，我們也會提出一些在我們講述的事件中，能夠幫助兒童對降生奧蹟的特殊層面激起驚奇之心的問題。這些問題來自兒童在我們面前所展現的本質，而我們作為引導員的任務，

則是熟知兒童的發展特質，並且謹記，最年幼的兒童會向我們要求基督宗教訊息中最深刻也最根本的訊息。

事實上，我們說的越多、越想要和兒童討論，兒童就越無法專注與享受最重要的訊息！在本章接下來的段落中，我們會就每則耶穌童年敘事，提供基督宗教訊息的本質，作為「驚奇問題」的指引。

兒童的祈禱式回應包含他們的安靜、聆聽、享受訊息、評論、口頭祈禱以及歌唱祈禱。同樣地，一些最豐富的祈禱式回應，來自於示範之後的個別工作。

教具歸位：在每一次的示範結尾，我們小心地示範如何收拾教具，以及這套教具放在善牧小室的什麼位置。

邀請兒童工作：這是示範的最後一個步驟。

▶ 默想的要點

在恭讀完聖經中有關耶穌童年敘事的經文之後，我們與兒童一起默想時，必須保持在本質的層次上。兒童想要直入核心，並停留在核心中，他們最在意的只是那最豐富、最重要的宣報。

如果我們偏離核心或是加入過多細節，兒童將會失去興趣。每一次耶穌童年敘事的示範中，我們必須先掌握其中最根本的基督宗教訊息以及兒童的發展階段。

在與兒童一起默想耶穌童年敘事時，我們要激起兒童對於

降生奧蹟的驚奇之心，藉由：

◆ 邀請兒童一同簡短地重述事件：發生了什麼事？
◆「引燃」（強調）該敘事中最重要的宣報：這個嬰孩是誰？這個母親是誰？在這則敘事中，接受者的回應是什麼？

例如，在聖母領報中：

◆ 這個嬰孩是誰？「耶穌。」一個由媽媽所生的嬰孩，就像所有的嬰孩一樣。但這個嬰孩是「神之子」，是「至高者的兒子」。
◆ 這個母親是誰？未婚的女子，被揀選、受邀為耶穌的母親。「充滿恩寵者」。
◆ 她的回應是什麼？她說她是上主的僕人，她對於神的要求答「好」。

　　隨著兒童的成長並持續與這段經文和教具互動，兒童逐漸會看到新的面向：例如這個嬰孩的外在血緣（「祂要為王統治雅各伯家，直到永遠；祂的王權沒有終結。」）以及他的名字（「耶穌」意指「拯救者」）。他們也會更深入地探索瑪利亞的回應：她一開始的懼怕與不安，她知道她是上主的僕人，她將自己毫無保留地給了神，以便成就神的旨意。此時，聖神（聖靈）的

臨在已經強烈地宣告給年幼的兒童了，隨著孩子年齡增長，他們將進一步探索聖神的臨在、行動和禮物。

▶ 兒童的工作

兒童最重要的活動，是與經文（透過聖經小冊）及教具的互動。每一則耶穌童年敘事都有一個自己的封套組合，能夠幫助兒童專注在該則耶穌童年敘事的祈禱詞，同時也鼓勵兒童進行藝術創作。這些封套中的祈禱卡有：

聖母領報：(1) 萬福！充滿恩寵者，上主與妳同在！(2) 上主的婢女，願照你的話成就於我吧！

聖母訪親：(1) 在女人中妳是蒙祝福的，妳的胎兒也是蒙祝福的。（2）我的靈魂頌揚上主，我的心神歡躍於神，我的救主。

耶穌誕生：神受享光榮於高天，主愛的人在世享平安。

獻耶穌於聖殿：(1) 我親眼看見了你的救援。(2) 為作啟示異邦的光明，你百姓以色列的榮耀。

▶ 耶穌童年敘事示範中的基督宗教訊息

和前面提到的一樣，在恭讀完耶穌童年敘事的經文後，我們與兒童一起默想時，必須保持在本質的層次上。兒童想要直入核心，並停留在核心中，他們最在意的就只是那最豐富、最

重要的宣報。如果我們偏離核心或是加入過多細節，兒童將會失去興趣。因此，我們在此提供基督宗教訊息中的根本要點，以便我們和兒童一起默想時能關注重點。

聖母領報：神選擇並邀請一位年輕未婚的少女，她是「充滿聖寵者」，來當耶穌這位「至高者的兒子」、「神的兒子」的母親。瑪利亞全心回應「好」。

聖母訪親：瑪利亞「急速」前去拜訪她的親戚依撒伯爾（以利沙伯），依撒伯爾胎中懷子，喜悅於「吾主的母親駕臨」（以及藏在瑪利亞胎內的神）。而瑪利亞透過她對神的讚美與感恩，表達了她滿溢而由衷的喜樂之情：「我的靈魂頌揚上主，我的心神歡躍於神，我的救主。」

耶穌誕生與牧羊人來朝：身為「救主」與「上主、默西亞」的耶穌，在白冷城的一個馬廄中出生，這個「為全民族的大喜訊」首先是宣告給附近的猶太籍牧羊人，牧羊人便前來朝拜耶穌，並光榮讚美神。

賢士來朝：神甚至在大自然中放置了一個「標記」（一顆星），令那些遠方的人（不是耶穌的屬國或宗教的人）也可以看到他的來臨。賢士跟隨著那顆星來朝拜他，並為他帶來禮物。這些禮物提供了一些關於「嬰孩」真實身分的線索：黃金（與君王相關）、乳香（代表神臨近）、沒藥（塗抹於人死後身體的特殊香料）。

獻耶穌於聖殿：依據猶太律法，瑪利亞和若瑟（約瑟）將嬰孩耶穌抱到聖殿，西默盎和亞納（亞拿）都等待許久，渴望

見到神所應允的默西亞，他們都認出了耶穌，並因見到「救援」、「光明」、「榮耀」而喜悅，亞納更向他人分享這份喜訊。

注意：當兒童開始與這些經文及教具互動、消化與理解這些訊息時，默想的要點將會擴充。例如，在「聖母領報」以及「聖母訪親」的示範中，我們強調聖神的臨在，當瑪利亞問加俾額爾說這事怎能成就，加俾額爾回答：「聖神要臨於妳，至高者的能力要庇廕妳」。而在「聖母訪親」中，我們知道「依撒伯爾一聽到瑪利亞請安，胎兒就在她的腹中歡躍。依撒伯爾遂充滿了聖神」。

兒童能夠覺知聖神的強大臨在，同時也深感震憾，他們之後會繼續思考，聖神在困難、甚至不可能的情況下，還能帶來生命的「效力」或「成果」，而這為兒童帶來喜樂與奧蹟的知識。

▶ 降生成人的主題

最後，在善牧小室中關於「降生」的示範（包括以色列國土的地理、默西亞的預言、耶穌童年敘事），有一個共通的主題。這些示範不斷地提供我們線索，不只是「嬰孩」的身分或是這個母親的身分，同時也是「神的想法」與「神的作為」的線索。

我們並不會與兒童直接地討論這些主題，然而這些主題卻是重要的「種子」，透過示範、教具以及相關工作而種在兒童的心中，並在之後的默想中開花結果。這些主題包括：

GLORY-TO-GOD IN-THE HIGHEST

- ✦ 神在整個救恩歷史中展開的計劃，包括等待與預備，目的是給我們（以及所有創造物）在天國中圓滿的生命。
- ✦「降生」是歷史上天與地因為嬰孩耶穌合而為一的時刻，嬰孩耶穌是「真神與真人」。
- ✦ 神用最小的「器皿」來做最偉大的事。
- ✦ 神的行動是平凡與超凡的結合。
- ✦ 聖神在困難、甚至於「不可能」的情境中帶來生命，同時也帶來喜樂和奧秘的知識。
- ✦ 瑪利亞是「天主之母」，是典型的僕人，她向神說「好」的回答，在救恩歷史中獨具一格。
- ✦ 先知是全心聆聽並與他人分享上主話語的人。
- ✦ 在先知預言的訊息中，有三個固定的元素：
  ——「不要害怕。」
  ——「神臨近了。」

——「歡喜，接受和全然地享受所提供的禮物！」

✦ 我們的喜樂和我們的渴望成正比（如同西默盎和亞納這兩個例子）。

▶ 復活節：最大的喜訊

復活節期讓我們有機會和兒童一起慶祝這個全民族的大喜訊：神復活了！「復活」是基督宗教的基石，兒童能夠輕易地接受和享受這個最大的奧秘，他們以喜悅、讚嘆和感恩來回應，他們是喜悅大師！

在善牧小室中，我們花一整年的時間幫助兒童更完整地進入「復活」或「逾越」奧蹟，尤其是在禮儀時期中的四旬期和復活節。甚至在四旬期開始之前，我們已經為兒童做了復活節的間接預備，透過以下的示範和默想：

✦ 模型祭台：當我們第一次命名和指出十字架是耶穌的標記、耶穌的死亡與復活的標記時，都會用到。

✦ 禮儀顏色：我們指出「白色」是慶典的顏色，尤其是聖誕節和復活節。

✦ 禮儀年曆：用於宣告復活節是最大的慶典，並注意到我們為此預備的時間（四旬期的六週）以及復活節期持續的時間（七週）。

✦ 以色列國土的地理：用於命名耶路撒冷是耶穌一生中最

重要的城市，因為這是耶穌死亡與復活之地。

然後，當四旬期開始時，我們遊行至善牧小室中的祈禱桌，把祈禱桌布更換為紫色桌布，慶祝這個特別的等待期與準備期的開始，以慶祝我們最大的慶典「復活節」。在四旬期中，我們會提供下列示範與默想：

◆ **善牧的比喻**：（已於第6章中說明）在加入狼與傭工的經文之前，善牧的比喻本身已經是逾越的比喻，如果我們能夠理解逾越奧蹟的核心，就知道那是耶穌為了對天父與對他的羊的愛，而捨棄自己的性命。
◆ **耶路撒冷城**：在這個示範中，我們提供一個耶路撒冷的地勢模型，其中逾越事件的地點是可移動的零件。這個簡短的敘事包括對「受難」、「死亡」與「復活」地點的命名，這能夠強調出這些事件的真實性（或是其在歷史上的真實性），也包括這些事件的起承轉合。某種程度而言，這些情節其實同屬一個事件：最偉大的愛的奧蹟！
◆ **最後晚餐**：福音書中記載在耶穌死亡與復活前夕，在晚餐廳中發生的事。
◆ **生命與死亡的奧秘**：一粒麥子的比喻（若望／約翰福音12:24），已於第7章中說明。

ALLELUIA

當聖堂開始復活節的慶典時，我們透過下列活動來默想復活節的意義，並慶祝復活節：

◆ 善牧小室版本的燭光禮。
◆「空墳」的示範（福音書中關於「復活」的記載，搭配兒童可獨立操作的教具──包括模型與態像）。
◆ 聖洗聖事的示範（已於第8章中說明），但會強調復活節的宣報：
  ──基督復活！復活基督的光已戰勝死亡，並會永遠閃耀！
  ──基督來到世上，和我們每一個人分享祂的光！在我們領洗時，我們接受復活基督所給我們的禮物，也就是復活基督的光與生命。

最後晚餐的示範

我們已經熟知「最後晚餐」是「逾越奧蹟」的基礎，無論是對「基督本身的奧秘」或「基督臨在聖體的奧秘」而言，皆是如此。這是我們信仰最大的奧秘之一，因此我們必須介紹給

兒童。但問題是，要如何介紹給兒童？我們要如何保持在最根本的層次，將這個奧秘介紹給三歲左右的幼童？我們同樣要遵照一開始的原則，只提供最根本的宣講，讓事實本身隨著兒童的成長而擴展。

一開始，我們的焦點放在耶穌生平的特定時刻，在他將死之前，以及他復活之時，他做了什麼事？他在樓上的晚餐廳裡面說了什麼話？我們在介紹經文之前，先說明我們處於四旬期的禮儀時期中，正在預備歡慶耶穌死亡卻又復活的慶典。

在這之前，耶穌再一次來到耶路撒冷，那時正值猶太人的逾越節慶典，猶太人會和家人一起享用特別的晚餐。耶穌要和有如家人般的門徒一起慶祝，所以他選擇一個特別的地方，派遣兩位門徒去準備逾越節晚餐。我們來聽聽那天晚上，在樓上晚餐廳的房中所發生的事（這裡我們可以指出耶路撒冷城的地圖，如果兒童還沒有接受過耶路撒冷城地圖的示範，在以色列地圖上指出耶路撒冷的位置即可）。

在恭讀聖經之後，我們強調耶穌在餅和酒上說出新的詞彙（注意：如果是非常年幼的孩童，我們介紹晚餐的預備之後，可以從「到了晚上，耶穌同那十二人來了……」的經文開始讀，如果是年紀較大的兒童，可以從預備晚餐的經文開始）。

我們同時也提供兒童具體的教具：一個樓上房間的模型，搭配耶穌與門徒的立體態像，還有一張桌子、桌布、聖體盤、麵餅、聖爵、十字苦像和蠟燭的模型。我們示範教具的時候，可以是在第一次朗讀經文時，也可以在第二次從聖經小冊中朗

讀經文時再操作教具。

教具示範時，在讀完「他們就出來，往橄欖山去了」之後，把所有的態像從房間中移出，我們恭敬地宣讀，隔天耶穌被釘死在十字架上，我們在晚餐廳的祭台桌上放一個小型的十字苦像，但我們立刻說明，在第三天（復活節那天）的早上，耶穌從死亡中復活，然後在晚餐廳的桌上，我們放上並點燃兩根小蠟燭。

如果我們仔細注意年幼孩童的祈禱式回應，會學到一件事：很多最偉大的事物，其實要求我們用最少的言語來表達。在觀看和聆聽這個示範時，兒童通常是非常靜定而無聲的，他們似乎深受吸引，而我們也發現，除了點出那幾個耶穌在餅和酒上說的不常用的詞語外，我們幾乎不需要說什麼話來幫助他們默想。

隨著兒童的成長，也隨著兒童操作教具與閱讀經文，許多新的洞見會逐漸浮現在他們的意識中，其中一個是：「這就像我們在彌撒中所做的一樣！」但身為引導員，我們必須要克制自己，不要點破，而是要留給兒童自己去享受發現的喜悅。在這個示範上，我們的目標是邀請兒童進入這個樓上的房間，給他們機會去看到、聽到那個神聖的晚上所發生的事。

▶ 燭光禮

像「復活」這麼偉大的奧秘，如果我們真正開始理解其意

涵，就必須要慶祝！教會由「復活前夕守夜禮」中的「燭光禮」進入復活期，在善牧小室中我們也會進行相同的慶祝，只要稍作調整，就能讓兒童更完整地參與，並且依照適合兒童的節奏來進行。在善牧小室與兒童工作的宗教經驗中，我們看見慶典的特質瀰漫於所有的教理當中，而燭光禮是其中最強烈的慶祝儀式。

聖經中所宣講的內容，透過禮儀而變得生動，如同我們在善牧比喻和彌撒中所看見的，幫助兒童經驗這個事實，能讓兒童有機會更完整地享受他們與神、與他人的關係。這在燭光禮中更是如此，即使兒童之後長大成人，這也是一個會永遠鮮明地留存於他們心中的經驗。

我們要明白，「燭光禮」並不是我們提供給兒童的一個示範，而是和兒童一起進行的慶祝儀式。燭光禮也不是一個需要兒童彩排的表演，我們只是簡短地向兒童說明慶祝儀式中的幾個重要事項：

✦ 我們會說明即將要慶祝的慶典，也可以在禮儀年曆中指出，我們現在透過這個特別的慶祝儀式，要開始進入七週的復活期。
✦ 我們會說明，在慶祝儀式中，當叫到兒童的名字時，他們要如何上前接受點燃的蠟燭，以及如何將蠟燭拿回他們在圓圈中的位置，放在他們的面前再坐下。對兒童來說，在慶典開始之前必須要練習拿取蠟燭（注意：在和

人數較多的兒童一起慶祝時，我們建議使用浮水蠟燭，點燃後放在淺層的塑膠杯中，杯底放一些砂。我們也建議讓兒童圍著祈禱桌，坐成半圓型，兒童的蠟燭才能夠放在他們跟前，而不需要一直拿在手上，隨著每一個孩童拿到屬於自己的小蠟燭，兒童也能看見復活蠟的光逐漸加大）。

✦ 如果在燭光禮中有年紀大一點的兒童參與，其中一些較短的經文和祈禱文可以交由年長的兒童來負責，如果是這樣，他們就會需要時間準備。

✦ 我們也會簡短地向兒童介紹燭光禮的步驟：先聚集起來祝福復活蠟，然後遊行至一個暗房，去慶祝光的分享。

▶ 燭光禮的步驟

祝福復活蠟：宣告慶典、刻畫蠟燭上的標幟、點燃復活蠟、開場祈禱文、閱讀福音書中的復活敘事。

復活蠟遊行：遊行進入一個暗房，中途停下三次並高唱「基督的光，感謝神！」然後將復活蠟放在祈禱桌上。至少唱二或三段《復活宣報》頌詞（可邀請來賓頌唱），如果有年紀大一點的兒童在場，可以讀幾段簡短的經文，例如〈若望一書〉（約翰一書）1章5節、〈依撒意亞〉（以賽亞書）60章20節、〈厄弗所書〉（以弗所書）5章8節，也可以加些口唸或是唱歌的答唱詠。

分享光：接著我們宣告復活基督並不是把光留給自己，而是要和我們分享光！每一個孩童會聽到呼喚，前來領取從復活蠟點燃的小蠟燭。當每一個兒童都接受燭光之後，會有一段自發祈禱與歌頌的時間，然後再逐一邀請兒童將蠟燭放回祈禱桌上，圍繞復活蠟。

禮成祈禱：復活前夕守夜禮中優美的復活宣報的尾聲：「願此燭光常燃不熄，直到曉明之星的昇起：這永遠照耀的曉明之星，就是指基督自己，祂已從死者中復活，光照普世，祂是祢的聖子，永生永王，阿們。」

出堂（歌唱！）：善牧小室中的慶典比照在聖堂中的慶典方式，有一些相同的動作和詞語，語調喜悅而又「嚴肅」或「莊重」。兒童很自然地能夠表達出隆重感！他們知道復活是如此偉大而神秘！他們尤其會受到以下幾點的震憾：

+ 點燃復活蠟時嘹亮迴響的「阿肋路亞」（哈利路亞）
+ 相對於暗房中的黑暗，復活蠟所顯現出的美麗與溫暖
+ 親身接受光，因他人接受光而見到光的增大，而讓整個房間充滿光，並在最後看見所有的光匯集於復活蠟前的喜悅（這就是代表基督徒團體的最美形象：光的團體！）

如此豐富的標記，讓兒童沐浴其中！

位於美國馬里蘭州雷尼爾山的基督徒家庭蒙特梭利學校中，每年約有一百位兒童（3～12歲）一同慶祝燭光禮。分

享光所需的時間就要半個小時，但因為兒童受到自己的光的吸引，也受到逐漸增大的光的震憾，能夠一同保持寂靜的氛圍！

在墨西哥奇瓦瓦州的一間教堂中，有四百名兒童一同慶祝燭光禮（而沒有發生任何「意外」或事故），只有一個驚喜：當復活蠟被點燃時，所有的兒童開始鼓掌。這完全是兒童自發且出乎意料的行為，兒童藉由長達數分鐘的鼓掌來歡欣迎接「光」的到來！

▶ 空墳的示範

如我們先前所述，「復活奧蹟」如此偉大，值得慶祝。透過禮儀標記的豐富性，我們有機會「體驗和觀看」基督從死亡中復活的驚人事實，而我們個人與團體都參與在祂復活的光與生命中！

很重要的是，在向兒童示範善牧小室的「空墳」之前，兒童要有機會至少經驗一或兩次的「燭光禮」，因為在燭光禮中一定會宣告基督復活。當兒童五歲或更大之後，我們會更仔細地在善牧小室中探討福音書中關於復活的記述，並給予兒童可供操作的教具。

兒童對於福音書中敘事的默想，以及空墳教具的操作，能幫助他們深入理解這個偉大的訊息，同時也為他們強化復活事件在歷史上的真實性。然而，這並不能取代燭光禮帶給兒童的震撼印象。

示範的教具包括：聖經和聖經小冊（在第一頁上有一張耶路撒冷的地圖，上面以紅色標示出復活空墳）、墳墓的模型、我們所選用福音書段落中角色的立體態像（注意：建議為兒童選用〈馬爾谷福音〉〔馬可福音〕16章1-8a節，需要三個婦女與「一個少年人，坐在右邊，穿著白衣」的態像）。

介紹時，我們說明目前所處的禮儀時期，回顧近期我們參與過最重要的慶典（即燭光禮），再連結至耶路撒冷的地圖，我們簡短地回顧直到復活節早上之前所發生過的事件，強調為什麼這些婦女必須要等待，才能去用香料傅抹耶穌的身體。之後，再邀請兒童仔細聆聽第一個復活節早上所發生的事。

在恭讀聖經經文之後，我們引導兒童進入默想，專注在以下幾個要點上：

♦ 當她們去到墳墓時，發生了什麼事？她們期待在墳墓那

裡看見什麼？她們看見了什麼？

◆ 這個「少年人」告訴她們什麼事？（「他已經復活了，不在這裡了！」）

◆ 我們能不能想像她們聽到這件事的驚訝和喜悅！她們深愛的耶穌已經不再死亡，他又活過來了！

◆ 這個「少年人」告訴她們去做什麼事？（去告訴那些也愛耶穌的人）這麼大的消息一定要分享出去，讓其他也深愛耶穌的人能夠一同喜樂！

我們同樣會給一點時間，讓兒童去做祈禱式的回應，然後再向他們介紹如何使用教具，以便兒童後續進行操作與默想。

思考耶穌復活相關事件的重點在於，向兒童一次又一次地宣告：

◆ 人類命運的終結並不是死亡

◆ 在我們之間有「那一位」（Someone）已經永遠戰勝死亡

◆ 祂的勝利會成為我們的勝利！

在和兒童談論「復活」時，我們受邀將依撒意亞（以賽亞）先知的話語，轉化為我們的話語：登上「高山」，讓「復活」的訊息能夠傳至極遠之處並大聲高呼（依撒意亞 40:9），讓更多的兒童能夠聽到這個好消息：「基督復活了！」

➡ 聖神降臨節：聖神的禮物

從善牧小室開學以來，兒童慢慢認識和喜愛三位一體的神，這並不是因為我們透過基督論中三位一體的介紹來帶領兒童做神學上的探討，而是透過兒童對善牧（好牧人）的喜愛，我們以此滋養兒童和三位一體之間的關係。是善牧透過聖神，邀請他的羊與他建立親密的關係，就像他與「父」以及「父」和他之間的親密關係一樣。我們只需要邀請兒童來聆聽、體驗和觀看在聖經和禮儀中，聖父、聖子與聖神的臨在與行動。

兒童熱切期待慶祝聖神降臨節，因為透過以下在善牧小室中的活動，他們已經認識且喜愛聖神了：

✦ 十字聖號的手勢和禱詞。

✦ 禮儀顏色：紅色代表聖神降臨節。

✦ 禮儀年曆：強調三個重要慶典分別為聖誕節、復活節與聖神降臨節，也讓我們知道聖神降臨節讓復活節期圓滿結束。

✦ 以色列國十的地圖：以「聖神」的象徵（鴿子或火焰）標示出納匝肋，因為透過「聖神的力量」，耶穌受孕於瑪利亞的母胎內。

✦ 耶穌童年敘事：在敘事中（尤其是聖母領報、聖母訪親、獻耶穌於聖殿）提及聖神之名，並指明聖神即是創造生命、帶來喜樂、授予奧秘知識的「那一位」。

◆ 聖體聖事的手勢：

　　—— 覆手禮：神給予的禮物，將餅與酒變成耶穌、我們
　　的主和善牧

　　—— 奉獻禮：我們透過聖神一致的行動，偕同復活基督
　　一起，奉獻給天父

◆ 聖洗聖事中的禮儀標記：

　　—— 我們領洗時的倒水「因父、及子、及聖神之名」

　　—— 覆手禮的手勢轉化聖洗池中的水，因而給我們新生
　　命，即復活基督的生命

與兒童一起慶祝聖神降臨節

在善牧小室中的復活節燭光禮慶典，是十分貼近聖堂禮儀
慶典的「祈禱禮儀」，相對地，聖誕節／主顯節以及聖神降臨節
的慶典顯得十分簡單，而且是由兒童與引導員依據當時善牧小
室中的經驗一起營造而成。這兩個慶典最重要的原則是內容要
包含遊行、更換祈禱桌上的桌布顏色、宣讀聖經經文、靜默、
提供兒童口禱或歌頌的祈禱回應機會。

在介紹聖神降臨節的慶典時，我們會簡短地說明我們所處
的教會禮儀時期（注意：聖誕節和復活節的慶祝要在聖堂開始
慶祝之後才進行，而不是在之前。然而，因為聖神降臨節通常
是在善牧小室學年結束之後才慶祝，因此，有時我們會在善牧
小室中，比教會更早先慶祝聖神降臨節）。

　　我們也可以再連結至禮儀年曆，並接著宣講耶穌向他的門徒承諾，在他死亡、復活及升天至父那裡之後，會送來另一個禮物，就是聖神。他同時也告訴他們留在這城（耶路撒冷）當中，直到「佩戴上自高天而來的能力」（也可以同時出示最後晚餐的教具、門徒態像與天主之母瑪利亞的態像）。

　　恭讀聖經〈宗徒大事錄〉（使徒行傳）2章1-4節。對年幼的孩童而言，這幾節經文中「暴風」與「火舌」的形象，以及宗徒用各種外方話來回應的形象，會引發兒童的敬畏感。在聖神降臨節之前，宗徒很害怕，因此噤聲不語，我們細想，是有什麼「好消息」讓他們突然之間有了宣報的勇氣？（神真正復活！祂與我們同在，給我們一切所需！）

　　我們也同時宣講，因聖神的來臨，我們受邀分享耶穌的聖神之恩，以及上主的神之七恩，羅列於〈依撒意亞先知書〉11章2-3a節的經文中。我們也會點燃七隻紅色蠟燭，命名這七恩為：智慧、聰敏、超見、剛毅、明達、敬畏與孝愛。

　　隨著兒童的成長，我們也會進一步默想〈宗徒大事錄〉第2章的經文，以及聖神七恩的意義（使用聖堂中對於七恩的說法）。耶穌命令我們懇求這些恩典，在〈若望福音〉16章24節中說：「求罷！必會得到，好使你們的喜樂得以圓滿。」讓兒童走到最期望收到的聖神之恩所代表的紅色蠟燭前，點燃自己的蠟燭，對兒童來說意義非凡，同時他們也能逐漸理解，我們需要這些神恩的幫助，以建立在人間的天國！

CHAPTER 11

———— ● ————

引導兒童祈禱

By Sofia Cavalletti, Patricia Coulter, Rebekah Rojcewicz

　　首先，我們得捫心自問：到底什麼是祈禱？只是「跟神說話」嗎？（大部分的成人可能會這麼回答）或者，是我們與神最穩固而重要的連結管道？是一種真正的溝通嗎？

　　如果是的話，溝通是雙向的交流，是神和我之間的對話，是由神發起主導的對話。神隨時找尋我們，向我們伸手，透過各種禮物向我們「說話」，而我們隨時聆聽與回應 —— 或是沒聽見也沒回應！

　　下頁這個簡單的圖表可以幫助我們思考祈禱的真意。

　　上面的三角形幫助我們看到，神持續透過各種禮物 —— 礦物界、動植物界、我們人類世界 —— 來向我們說話，而倒三角形的尖點則是世界上最偉大的禮物：耶穌。

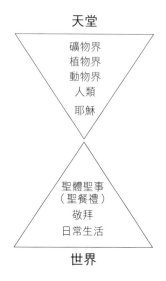

天堂

礦物界
植物界
動物界
人類
耶穌

聖體聖事
（聖餐禮）
敬拜
日常生活

世界

　　下面的三角形則呈現了我們在三個層次上的回應：日常生活、敬拜與彌撒。我們常認為對於神恩的第一個回應便是「祈禱與感恩」，但下面的三角形邀請我們去思考更基本的回應：在日常生活中去注意神的臨在，從我們身旁的禮物中「醒來」，花時間去注意並享受這些禮物，並妥善地使用、甚至轉化這些禮物，成為他人或是世界的恩典。

　　當我們這麼做的時候，會自然而然地更去感謝與讚美神，我們會安排時間獨自祈禱，以及與家人、團體一同祈禱，這個層次的回應就是所謂的「敬拜」，還包括聖經研讀、靈修課程，以及我們試圖去理解、讚美與感謝神的所有方式。

　　下面那個三角形的頂點則是彌撒，是我們與神的關係中最密集的時刻。彌撒是所有祈禱中最強力的祈禱，在彌撒中，神

最偉大的禮物——主耶穌善牧（好牧人）——在我們之內，也在我們之間，所以我們將最完整的讚美、感恩與服事獻給神作為回應。

祈禱與兒童

兒童最強烈的需求與最大的能力就是關係，以及慶祝關係。兒童對禮物的態度最開放，也最喜愛（而禮物是神與我們溝通最主要的方式！），因此兒童擁有無比的祈禱能力，這也不足為奇了。

更有甚者，透過與兒童一起祈禱，我們體會到兒童的宗教世界與成人的宗教世界之間的差異。如果兒童與神的關係中，有一個面向能教導我們關於尊重與崇敬的必要性，那就是祈禱。只要我們開始觀察並聆聽兒童的祈禱，就會立即注意到兒童和我們的禱詞之間的差異。

我們發現，要秉持一種非常尊重且旁觀的態度，才能看出兒童對神的各種各樣的祈禱回應，也才能幫助兒童以能夠真正

回應他們需求和能力的方式來祈禱。

兒童的祈禱式回應有以下幾個特點：

◆ 當他們在聆聽聖言或是觀看禮儀示範時（他們專注地「聆聽」），他們變得安靜且靜止動作

◆ 他們喜歡我們向他們分享的訊息，這可以從他們愉悅的讚嘆、笑容、眼神發光的表情得到證明（如同諾里奇的朱利安修女曾說：「對上主的單純享受，本身就是最為蒙福的「謝恩」形式，在祂眼中亦然。」）

◆ 他們的口頭禱詞

◆ 他們的歌唱祈禱

◆ 他們在示範之後所選擇投入的手工藝活動

無論是口頭禱詞或歌頌，兒童祈禱的主要組成元素，是讚美與感謝神賜給我們的許多恩典。

為你，感謝天主。

為我，感謝天主。

為光，感謝天主。

感謝祢來到我們心中，因為現在我們可以向內心的祢祈禱（另一個孩子再加上：是的，祂已經是一個好朋友，我們永遠不會感到孤單）。

謝謝祢做餅。

謝謝祢……（感謝的清單永無止境！）

兒童的祈禱有時候也會包括一個宣告，這是他們默想的果實：

耶穌，祢是寶藏！

祢真美麗！

耶穌給我一隻愛的手，讓我可以再度起身！

兒童也會用各種比較或類比的方式來表達：

耶穌，祢是一棵永恆存在的樹。

耶穌，祢就像月亮一樣，沒有月亮的夜晚，我們什麼都看不見。

沒有祢，一切都是黑暗。

在聖經中，我們會看到感恩或祝福式的禱詞，例如耶穌的祈禱：「父啊！天地的主宰！我稱謝你，因為你將這些事瞞住了智慧和明達的人，而啟示給小孩子。」（瑪竇／馬太福音11:25）或是瑪利亞的祈禱：「我的靈魂頌揚上主，我的心神歡躍於神，我的救主……因全能者在我身上行了大事，祂的名字是聖的。」（路加福音1:46-49）

這種感恩式的禱詞（希伯來文稱為berakhah）是喜樂和敬

拜的表達，因驚奇而生的祈禱，讓我們定睛於神的面容。在聆聽兒童時，我們聽見聖經中會出現這些禱詞的回音。

兒童傾向於字數少、但能量大的祈禱詞，有一位在聖誕馬槽前祈禱的孩童說：「阿肋路亞（哈利路亞），全能的神。」雖然兒童可能只用少數幾個字，但並不表示他們的祈禱是短缺的，當他們著迷於一個特定的神恩時，他們可以聚焦於此神恩，而且對此神恩的享受將持續一段很長的時間。例如，在和一群兒童祈禱時，時常會在不同兒童的祈禱詞之間出現安靜的片刻，以下就是一個例子（我們只列出祈禱的尾聲），是在示範善牧比喻時發生的：

謝謝祢帶領我們⋯⋯
謝謝祢，因為我們是祢的羊⋯⋯
謝謝祢來到我們的心中⋯⋯
我的身體很開心。

在這些回應之間有一段相當長時間的靜默，在那段時間內，這群兒童自持且安靜。

這些靜默的片刻也是祈禱，靜默的時空是珍貴而豐富的剎那，就像酵母在兒童靈性上的運作，反應出兒童工作的韻律。將自己調整成兒童的韻律，有助我們向兒童片刻無聲的祈禱致敬。與其認為兒童是因為分神而靜默，於是試圖介入、打斷兒童祈禱能量的流動，不如察覺到這些片段也是兒童與神同在的

時刻。

　　我們持續收集兒童的祈禱短句（參考蘇菲亞・卡瓦蕾緹的著作《與孩童一起體驗神》第7章），既然祈禱主要發生在兒童心中單獨而深藏的角落，關於孩童的祈禱生活，還有多少我們未知的奧秘呢？當安娜的媽媽想要和她一起祈禱時，這個三歲的女孩卻說：「我要自己祈禱。」

　　兒童最自然的祈禱形式也是讚美與感恩，兒童鮮少出現自發性的求恩式祈禱。兒童似乎有自己祈禱的途徑，他們祈禱的方式呼應本身內在的狀態，我們由此學到不要引導兒童做求恩式的祈禱，不然祈禱將流於言語的複述，而無法在孩童內心留下深刻且親密的連結。

▶ 滋養兒童的祈禱

　　在《兒童教理創意教學指南》的最後一章中，吉安娜・高比（是蘇菲亞・卡瓦蕾緹最親近的同事，合作超過五十年）針對祈禱的本質以及滋養兒童（以及我們自身）祈禱的重要工具，提供了優美的默想內容。在這裡，我們強調這些工具的重要性，並就其應用稍作說明。

◆ 一個完備的環境（一個神聖的空間以供祈禱）

◆ 靜默

◆ 宣報好消息（來自聖經與禮儀）

◆ 在示範時，給予回應宣報的機會

◆ 透過兒童的動手操作（兒童自由選擇的活動），讓兒童有進一步回應宣報的機會

◆ 祈禱卡可以幫助兒童擴充個人祈禱時所用的詞彙

◆ 團體祈禱時間／特殊慶典

準備一個適當的環境

萬軍的上主，你的居所是多麼可愛！我的靈魂對上主的宮庭渴慕及緬懷。（聖詠 84:2-3）

成人需要一個神聖的空間祈禱，對兒童來說更是重要，因為兒童深受環境的影響。為祈禱準備一個適當的環境，有如亞巴郎（亞伯拉罕）在細水和小樹旁的巖石一般的簡單，或是一個家中的家庭祈禱桌、一個完整的善牧小室，或是任何介於這幾個情景之間的安排，但此環境的必要特質為簡樸、莊嚴、有序、美感與平靜。

在這個神聖空間中，我們刻意地放慢動作，輕聲細語（除了喜悅地歡唱之外！）。事實上，「善牧小室是祈禱的空間，在這個空間的一切工作和學習很自然地就成為默想、沉思與祈禱」（出自〈善牧教理課程的特質〉）。

祈禱的環境中最重要的家具就是祈禱桌，必須是放置在地上的矮桌（如果是在室外的話，祈禱桌要放在泥土地上，可以使用樹樁或是岩石作為祈禱桌），這樣才能讓兒童看清楚祈禱桌。理想上，在祈禱桌旁會有一個矮櫃，放置祈禱用的物品：四種禮儀顏色的桌布、漂亮的中型聖經（不是兒童聖經）、蠟燭，可以有一尊小的善牧態像、聖母與嬰孩態像、聖家態像、數張祈禱卡，以及一個在祈禱桌上擺放祈禱卡的立架。

兒童也會喜愛為祈禱桌插瓶花，而插花所需的工具會在善牧小室中的日常生活活動區。也有一個小型搖鈴，兒童輪流在每次善牧小室時間結尾時，搖鈴來提醒兒童放下手上的工作，在祈禱桌旁集合，共享短暫的靜默、口誦祈禱和歌唱祈禱，以團體共同慶祝來結束善牧小室的時間。

靜默

靜默是祈禱的必要元素，靜默並不只是不發出聲音，靜默是身體動作、心和腦的靜止，如此才能更加專注地聆聽神，並向神全然敞開。神邀請我們這樣做：「你們要停手！應承認我是神。」（聖詠46:11）在兒童的宗教培育中，靜默的培養是非常重要的一環。

許多成人會很驚訝地發現，兒童十分享受靜默。在一個孩子即將第一次領受聖體前的避靜中，她寫道：「我喜歡這裡的一切，但這裡的安靜卻是我最喜愛的。」事實上，兒童尋找並喜愛靜默，在靜默中，兒童感到全然的自在。兒童的日常生活

中，成人並非總能夠提供這種「自在」的靜默機會，因此靜默是善牧小室中能夠提供給兒童的特色。

兒童的靜默能力可以透過以下方式來培養：

+ 簡潔、優美而有序的環境
+ 全人（身心靈）專注在自己所選擇的工作中
+ 靜肅練習（如瑪利亞‧蒙特梭利所示範的）

靜肅練習（有時也稱為「安靜遊戲」）是一種簡單而引導式的默想，邀請兒童先專注地將自己的身體靜止下來，然後開始覺知不同的聲音，例如窗戶外面的聲音，或是悄聲呼喚自己的名字等。這些練習讓兒童能夠愛上靜默。

透過聖經和禮儀宣講好消息

如果我們理解祈禱是聆聽並回應神，那我們就會知道，我們不只是培養兒童聆聽的能力，更需要宣讀好消息，也就是聖經中的天主聖言，以及禮儀中神的臨在和行動，以讓兒童能夠透過聆聽來回應好消息！進一步而言，我們選擇宣報的聖言或是禮儀時刻，取決於兒童當下的發展特質。

在示範中的祈禱式回應

示範中不可或缺的，是給予兒童機會，讓他們能夠自發且真誠地回應訊息。我們可能會提出一些默想的問題來引發兒童

的回應，但我們並不會主導或是操弄兒童的祈禱。例如，我們可能會在示範和默想結尾時說：「有沒有什麼我們想對神說的或唱的歌？」但我們不會說：「現在讓我們感謝神給我們的禮物。」也不會說：「現在我們來唱（一首特定的歌曲）。」

在兒童個別工作中的祈禱式回應

在聖經或是禮儀的示範之後，兒童必須要有機會去選擇個別的工作。兒童的工作可能是動手操作對應於當次示範的教具，也可能是簡單的手工活動，例如日常生活的活動，或是貼工或描圖，也有可能是藝術創作的活動。

有一個例子是一位墨西哥善牧小室中的小男孩，週復一週，只是安靜地觀察善牧小室中的活動，引導員有點擔心他不選擇工作，便問他：「有什麼問題嗎？你好像找不到想做的工作。」小男孩很堅定（且稍帶不悅）地回答：「待在這裡，這就是我的工作！」

成人必須要理解，在兒童進行工作的時候，就是「那一位」、真正的「導師」、兒童內在的聖神（聖靈）向兒童說得最清楚、教導得最好的時候。我們身為引導員，對於神和兒童之間的關係，要「順從於謹言慎行的服務」。我們仔細地預備一個適合祈禱的空間，向兒童介紹這個空間，從聖經和禮儀中宣講好消息，並培養兒童回應的能力並給予機會，但是我們不教導。教導是聖神的工作。

因此，兒童個別的工作時間是善牧小室中最重要的時間，

因此善牧小室中的時間必須要充分，才能讓兒童投入個別工作。我們建議一節善牧小室時段為兩個小時，如果是在教會裡的主日學，這可能會有點困難，但這是一個值得努力的目標，我們要記得，兒童也必須參與彌撒中的教會團體，至少參與感恩禮儀（聖體聖事／聖餐禮）。

瑪利亞·蒙特梭利提供給我們的指導原則，是我們給予兒童必要的結構，但不多也不少。實務上而言，在善牧小室當中，這代表一開始我們會引導兒童進入工作，幫助兒童選擇工作，但是當兒童能夠自己選擇工作時，我們便慢慢地退出。當兒童能夠自由地選擇工作時，就是「導師」（聖神）接手與兒童工作的最佳時機。

擴充祈禱詞彙的祈禱卡

在善牧小室中（以及家中）可以準備幾張祈禱卡，來擴充兒童的祈禱語言。這些祈禱卡是手工製作，而不是電腦印製，這能夠啟發兒童自行抄寫和繪製（或是裝飾）。將下列各種祈禱詞寫於不同尺寸的卡片上，並將祈禱卡分類存放於盒子或是籃子中，這可以幫助兒童很容易地找到他想要的祈禱卡。祈禱卡的類別包括：

◆ **單詞或是短句的祈禱文**（寫在約14 x 22公分的卡片上），例如：阿們。阿肋路亞！賀撒納（和散那）！榮耀歸於主！讚美神！感謝主！聖聖聖！

✦ **簡短的〈聖詠〉經句**（寫在約 22 x 28 公分的卡片上），
提供神的形象，以及表達讚美與感恩，如：

—— 天主是上主，祂給我們光明！（聖詠 118:27）

—— 上主是我的光明，我的救援。（聖詠 27:1）

—— 上主是我的牧者，我實在一無所缺。（聖詠 23:1，
另一張卡片可以是聖詠 23:1-3）

—— 上主，你……的恩澤，是何等豐盛！（聖詠 31:20）

—— 走到上主面前，應該歡呼！（聖詠 100:2）

——「你們要停手！應承認我是神。」（聖詠 46:11）

—— 請你們體驗，請你們觀看：上主是何等的和藹慈
善！（聖詠 34:9）

—— 這是上主所安排的一天，我們應該為此鼓舞喜歡。
（聖詠 118:24）

—— 願祢的國來臨；願祢的旨意奉行在人間！

注意：對六歲以上的兒童，我們會再加入〈聖詠〉中關
於我們在神之內的平安、我們需要神幫助，以及我們渴
望「潔淨」的經句。

✦ **將臨期預言**：寫在 28 x 35.5 公分的卡片上，呼應本書第
10 章所列之五則默西亞（彌賽亞）的預言。

✦ **出自耶穌童年敘事的祈禱回應之範例**：如本書第 10 章中
的描述。

CHAPTER 12

——— ● ———

兒童的道德培養

By Sofia Cavalletti, Patricia Coulter, Rebekah Rojcewicz

　　本書已到尾聲，我們想要再回應最後一個問題：要如何培養兒童的道德觀呢？有沒有可能針對兒童（甚至是六或七歲以下的孩童）來討論道德養成？這個問題的答案取決於個人對於「道德」一詞的理解。

　　如果將「道德」一詞局限於法律和行為的規範，那就必須等到孩童六歲以後，再進行細緻的討論，六歲以後的兒童會自然而然地關注公平、是非對錯、應為與不應為的議題，這時的兒童也發展出道德推理能力，並且需要練習。

　　兒童需要熟悉真實世界，而「真實」當然也包含特定的行為界線。為了在生活環境與社交互動當中有安全感並成功地運作，就連最年幼的孩童也需要學習正確的行事方法，必須知

道哪些作為是不被接受的，他們需要明確地理解「行」和「不行」。然而，當我們說到「道德養成」時，要探討的內容其實遠超過學習規矩和行為標準。

▶ 存在與作為

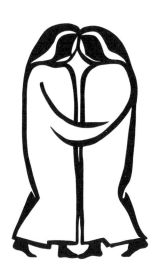

在討論道德養成時，要記得有兩個層次，第一個層次是有關「人」的培育，這是「人存在的本質」的基礎層次。我們是誰，以及我們會變成誰，首先是由我們的關係來界定。我們每一個人都是由互動的關係塑造而成，我們對於關係的需求終其一生都十分強烈，在嬰兒期與童年前期更為關鍵。因此，兒童能在此發展時期找到正確的同伴培養關係，事關重要。

第一個層次的道德養成涵蓋了生命中的所有面向，涉及了

我們整個人。在這個層次上，我們習得對於生命的基本態度，這將深植於我們的存在之中。

道德形成的第二個層次與行為或行動有關。第二個層次源自於第一個層次，並由第一個層次推動。我們的「作為」是「存在本質」的產物，我們所作所為的價值與誠信，根植於我們的人格本身。

或許可以用水晶吊燈來說明這兩個不同的層次，我們用水晶吊燈來比喻一個人，而水晶吊燈中的小燈泡則可比喻為這個人的行事作為。只有當水晶吊燈的燈座通上電時，水晶吊燈的燈泡才會點亮，相同地，我們對生命的信念，也會反應於我們的行事作為。因此兒童前期是十分重要的關鍵，因為當兒童發展出對於行為層次的關心時，他們必須要先擁有對生命的信念，並和他人發展出穩固而安定的關係。

▶ 盟約關係

上述觀點強調「兒童的關係」的重要性，尤其是兒童和家長、和家庭其他成員的關係，以及和環境的關係。然而，生命中還有另一種重要的基礎關係：與神的關係。神和我們的關係，其根源之深，遠超過我們理智所能及。與神的關係在我們生命最起初之時，便已存在。

本書談論到的基督宗教的主題，都有一個共通的目的：幫助兒童發現和享受「那一位」（Someone）的臨在，祂從他們

生命最初始的那一刻便與他們同在，是呼喚兒童名字的「那一位」，並與他們建立堅固不摧、永恆持久的愛的關係。是「那一位」將自己的生命和光、將自己本身都給予了孩童，使孩童得以「獲得更豐富的生命」且得到「喜樂圓滿無缺」。

▶愛上神和天國

我們試著幫助兒童，讓他們對那個呼喚他們名字的「聲音」變得更敏銳、更能察覺，那個「聲音」呼喚兒童的「存在本質」先於呼喚兒童的「作為」。用聖經的話來說，我們的目標是幫助兒童與盟約中的神相愛。神持續地尋找我們，透過神恩與各種禮物「對我們說話」，並邀請我們去接近與感受喜悅，因為神深切地愛著我們！

我們試圖幫助兒童在驚奇中發現，光的存在是神為他們所準備的禮物，兒童內在那顆神秘而強力的種子，將會成長並帶領他們得到生命，而且是更豐富的生命。我們內在的「種子」是如此美麗珍貴，就好比具有無比價值的寶貴珍珠，而這些全是賜給我們的禮物！

在默想這些事實的時候，我們與神的關係被賦予了最牢固的基礎：靜默，知道神就是愛、神是「給予的神」，並且全心享受神的臨在與恩賜。兒童期是最能平靜安詳地享受神的階段，尤其是兒童前期，這是一段處於愛中的時期，處於愛中的經驗是兒童的道德生命最根本的基礎。

如〈訓道篇〉（傳道書）3章1-8節所說的「事事有時節」，努力、掙扎、甚至是犧牲也有其時節，而這個時節就是兒童六歲以後，他們必須在這個時期探索基督徒生活中嚴謹的行為標準。屆時，我們才會再與兒童一起默想耶穌的道德比喻以及耶穌箴言，這些都根源於「律法的總結」，也就是西乃山上給予神之子民的「愛的最大誡命」。

兒童前期的宗教養成中，要避免在兒童生活中得到快速的成果或立即的回應。在向兒童示範聖經或禮儀的時候，我們的焦點在於聆聽、默想，以及享受訊息。我們不要將內容「道德化」，也要抗拒自己想要主導兒童回應的衝動，換句話說，我們必須保持客觀，並且要尊重兒童「內在空間」的隱密性。當兒童投入於工作當中，真正的「導師」會持續在兒童的內心「說話」，而且會「適時給出結果」。兒童的宗教教育應該將重點放在幫助兒童享受與神的關係，讓他們能有深刻的覺知與驚奇。

當基督宗教主題以此種方式向兒童介紹時，我們見證了這些基督宗教主題成為兒童成長中的參照點，在兒童前期默想與享受的經驗，將成為學齡期兒童行為的主要動力。

結語

本書中所描述的主題，是兒童最投入、最喜悅的主題，也正巧是我們信仰中最根本的主題，亦是最偉大的奧秘。這些主題在兒童的生命中根深柢固。

　　透過兒童在這些主題上的探索，他們不只經驗到被神認識、被神所愛的必然，同時也在內心種下了種子，這顆種子會立即在他們的生命中結出果實——最美妙的果實就是：享受神的臨在。這顆種子同時也會結出長遠的果實，與神相愛的經驗將持續滋養並強健兒童的內在生命，也會促使兒童與神、與他人合作，共同在地上建立天主的國。

附錄一

——————·——————

善牧教理課程的
特質與重點

1. 兒童（尤其是兒童的宗教生活）是善牧教理課程關注與承諾
   的核心。
   - ✦ 引導員要觀察和研究兒童所處發展階段的重要需求，以及
     這些需求的表現方式。
   - ✦ 引導員與兒童一起生活，並依據福音書的教導，與兒童分
     享宗教經驗：「你們若不變成如同小孩子一樣，決不能進
     天國。」（瑪竇／馬太福音18:3）
   - ✦ 引導員要注意必要的細節，才能讓兒童的宗教生活得以體
     驗和滋長。

2. 據此目標，引導員秉持瑪利亞·蒙特梭利對於人類發展以及

成人與兒童互動的願景，準備一個被稱為「善牧小室」的環境，以協助兒童宗教生命的發展。

3. 善牧小室是一個兒童和成人一起活出宗教經驗的空間，協助兒童參與家庭、教會與其他社交場合。
   - 善牧小室是一個祈禱的空間，在其中，工作和學習很自然地成為默想、沉思與祈禱。
   - 善牧小室中的唯一導師是基督，兒童和成人皆採取聆聽者的姿態，聆聽天主聖言，理解禮儀慶典所代表之奧秘。

4. 在善牧小室中，對於基督宗教訊息的傳達，帶有慶典的特質。
   - 引導員並非教師，請記得，唯一的教師是基督。
   - 引導員拒絕任何形式對兒童的控制（如問答、背經文、考試等），以「神貧」的經驗面對「結出的果實並非我所造就」。

5. 在善牧小室中所示範的主題，是兒童最深切與喜樂回應的主題，並源自於聖經與禮儀（祈禱文與聖事），是兒童各個發展階段中創立與維持基督徒生活的根本來源，也最能啟發與滋養兒童最重要的宗教需求。

6. 宣講聖言時，要以最客觀的態度來避免成人的話語阻礙溝通的雙方——就是發言中的神，以及聆聽中的受造物。成人

話語的目的只是謹慎地服事，讓兒童聆聽天主聖言，如同耶穌在福音書親述：「我的教訓不是我的，而是派遣我來者的。」（若望／約翰福音7:16）

7. 引導員不會另外加入其他的教理主題內容，因為這些主題是在我們與兒童的工作中逐漸浮現出來的，最能滿足兒童對本質的重要需求。

8. 每週的善牧小室時段至少需要兩個小時，其中一小段時間通常是引導員的示範，大部分時間則留給兒童進行個別工作。

9. 善牧小室中的生活遵循禮儀年曆，與普世教會同步，因此一年中特別重要的時刻為聖誕節／主顯節，以及復活節／聖神降臨節。

10. 聖體聖事（感恩禮）是各階段善牧小室生活的核心，並且符合善牧小室所在的基督教會之儀式。

11. 每年慶祝初領聖體禮的通知時，兒童會依據他們對聖事的渴求及個人的成熟度來做出回應，並由家庭、引導員、神父協助兒童分辨。

12. 慶祝初領聖體禮之前，有一段密集準備期，在善牧小室的時

段之外，還有每週一次的特別聚會。

13. 準備初領聖體禮，至少要有四天的避靜（從早上到傍晚），
    避靜必須包括以下層面：
    ✦ 每日參與感恩禮儀
    ✦ 充分的機會讓兒童能夠心平氣和地操作已經示範過的工
      作，而不再給予新的示範
    ✦ 避靜包含初領聖體禮當天並延續至傍晚時分，這是為了避
      免兒童迅速地從如此的生活經驗中失焦分神

14. 首次和好聖事（辦告解）的慶祝，與聖洗聖事（聖餐禮）的
    標記、白衣和光連結，若是慕道友，則是聖洗聖事的慶祝。

15. 在初領聖體前的時期，要加強與家庭的會談。

16. 引導員在初領聖體之後的數年間，要再回顧並擴張已經介紹
    過的主題，並依據兒童發展階段中所出現的新需求，示範其
    他主題。

17. 教具要放在兒童能夠輕易拿取之處。操作教具時的個別工
    作，可以協助兒童進入示範主題的默想與吸收。

18. 教具必須兼具吸引力與「樸素」，而且要嚴格地貼近示範的

主題。在製作教具時，引導員必須克制，不能加入膚淺的裝飾，這樣會讓孩童從示範主題的本質中分心。換句話說，教具必須要簡單、基本，甚至於「貧乏」，才能讓主題內容的豐富性得以藉由教具而發光。

19. 第18點的原則也同樣適用於善牧小室本身的環境。善牧教理課程可以在任何社會或文化場域中呈現。

20. 引導員為了善牧小室所預備的教具，要忠實呈現善牧教理課程實驗後的範本，這些教具的設計源自於長時間的觀察與實驗，並依據兒童在各個發展階段的需求而製作。

21. 教具可以讓引導員將自己的「職責」定位為「無用的僕人」（路加福音17:10）。這種說法表明了引導員需要完成的任務與應該扮演的角色，然而，善牧小室中的成果總是遠遠超過引導員的所作所為，因為唯一的「導師」是基督。

22. 引導員彼此要合作無間，並且要與天主在救恩史上的合一計劃同步，也要保持主題的一致，如同善牧比喻（若望福音10:1）與真葡萄樹比喻（若望福音15:1）中極力傳達的訊息。引導員慷慨地為所有人提供他們的才華與經驗。

23. 在兒童的接受能力面前，成人必須謹守謙遜的態度，與兒童

建立正確的關係，意思是，尊重兒童的個別人格，耐心等待兒童自我揭露。

24. 引導員的任務包括：
   + 透過理解聖經和禮儀，以及透過教會生活的傳統（包括神學、社會以及當今活躍的普世教會合一運動）更深入地理解基督宗教訊息。
   + 預備（善牧小室的）環境，並維持環境內的秩序，以協助兒童與成人在環境中能夠專注、安靜與默想。
   + 盡可能親自準備教具，若是超出自身的能力範圍，則與臨近的其他人共同製作。

25. 引導員必須親自動手製作教具的原因是：
   + 更深入地吸收教理內容。
   + 克服倉促的消費主義，甚至是過度的「效率主義」。
   + 調整自己的速度，以便更能配合兒童的韻律，那就是（我們所相信的）聖神運作的韻律。
   + 試著達到手、心與靈的合一。

26. 引導員的主要承諾是在善牧小室中和兒童一起工作，然而，這個承諾也使得引導員必須對一般性的教理需求抱持開放的態度，並在必要時回應其他形式的服事。

27. 善牧教理課程也會費心地幫助其他成人看見兒童內隱的寶藏，尤其是兒童的靈性寶藏，讓其他成人能夠受到吸引而向兒童學習，並服事兒童。此一任務的指導原則為：

    ✦ 善牧教理課程不追求成功。

    ✦ 目標並不在於自己變得重要，或是令他人欽佩（依撒意亞／以賽亞書 10:33-11:10）。

    ✦ 忠於芥子的精神（瑪竇／馬太福音 13:31）。

    ✦ 與教會內最小弟兄的同在一起。

28. 善牧教理特別敬重兒童期的靈性價值，並期望滋養良知意識的培養過程，導向救恩史中的公義與團結。

29. 善牧教理開放給所有不同派別的基督徒，以及在教會中承擔各種事工的基督徒。

30. 善牧教理向教區提供服務，因此也與主教共同合作。

31. 每一間善牧小室需要神父對兒童（尤其是兒童的宗教能力）關照的協助，在善牧小室中與兒童一起慶祝聖體聖事與和好聖事，依循善牧教理課程的主旨進行。

32. 善牧教理課程具備實驗性特徵，以開放的態度，不斷地更深入天主無盡的奧秘，以及天主與受造物的宇宙盟約之中。

　　以上的內容，於1993年5月由Rome Association定稿，於1994年10月上呈至羅馬召開的第一次國際研討會。1995年3月30日於羅馬會議中提出修訂版本，並於1996年10月由國際委員會修訂而成。

附錄二

——•——

善牧教理課程簡史

　　本書所描述的內容，是一套兒童宗教培養的方法，即我們所謂的「善牧教理課程」。蘇菲亞‧卡瓦蕾緹曾說：「為了要真正認識『一件事』（人、地或物），必須要探其根源。」因此，我們希望能在此簡短分享1954年以來這套課程的發展簡史。

　　善牧教理課程的開始，如芥子一般，源自於蘇菲亞意外見到一群正在閱讀與思索聖經經文的兒童，而這片值得芥子生長的「土壤」則起源於蘇菲亞與吉安娜‧高比的會面。但是善牧教理課程的發展與轉變並不只是她們的故事，而是屬於天主和世界上許許多多的的孩童，以及許多在其工作中協助「培育」這些種子的成人。

　　蘇菲亞的生涯規劃似乎是走學術界的，她精通現代與古老

的語言，擁有希伯來文與閃文（猶太語）的博士頭銜，特別專精於哲學與閃族（猶太）文化與歷史。

她在學術上的選擇，部分受到她大學時期第一位希伯來人教授尤傑尼歐・佐利（Eugenio Zolli）博士的影響，佐利博士的猶太血統（直到 1945 年之前，他都是羅馬的首席拉比）與皈依天主教會（記載於他的自傳《破曉之前》〔Before the Dawn〕中），這兩件事在他們的友誼以及蘇菲亞其後的學術生涯中，成為重要的因素。希伯來文的學術研究成為他們兩人的共同研究對象，直到佐利博士離世。

從那時起，編輯聖經版本、翻譯並注釋原始的聖經經文、大量書寫關於聖經後時代的希伯來傳統，以及關於普世教會合一運動相關文章，占據蘇菲亞生活中相當大的比重。其後數年間，她被指派不同的普世教會合一運動委會員的職責，包括梵蒂岡任命「猶太基督徒關係委員會」（the Vatican commission on Jewish Christian relations）以及「義大利普世教會合一委員會」（the Italian Ecumenical Commission），是平信徒第一次受邀參與義大利主教團。

吉安娜・高比同樣也有一位對她生命影響深遠的指導老師——瑪利亞・蒙特梭利博士，她是義大利知名的兒童教育家。吉安娜還在青少年時期，便已成為蒙特梭利教育方法的學徒，她以學前教育作為她學習的基礎，與小至兩歲的孩童一起工作。

在蒙特梭利博士逝世前一年，即 1951 年，吉安娜已有多年

的工作經驗，她應邀協助蒙特梭利博士的培訓課程。那之後便持續協助蒙特梭利師資培訓課程，在1960年，她的師資培訓課程更包括培訓那些照顧零歲到三歲幼兒的成人（也就是「嬰幼兒輔助課程」）。吉安娜在這個領域的工作超越義大利國界，將她帶往墨西哥與美國，指導師資培訓課程。

以上的資訊並不是要將重點放在蘇菲亞和吉安娜身上，或是放在她們各自的專業領域上，相反地，她們所持的態度是，訊息本身才是最重點，而不是傳達信息的使者。他們以成人是「無用的僕人」的信念存在於神與兒童的關係中（路加福音17:10）。

身為這個奧秘的一分子即是驚奇之源，而親近兒童則是盡享神恩，她們如此相信，及至三十五年的工作之後，她們寫了這封信給她們加拿大的同事：

和兒童在一起時，我們會感覺到一股力量，神秘而安靜，這並不屬於我們，而我們珍視其為無法估量之特權，允許我們能夠「看見」這股力量在兒童內心做工。就像厄里亞(以利亞)在曷勒布山(何烈山)上，他聽到「輕微細弱的風聲」，在這時刻，我們也會「蒙住臉」屏息觀看天主的臨在（列王紀上19:13）[1]。

---

1. 出自蘇菲亞．卡瓦蕾緹的文章〈幼兒會帶領他們〉，收錄於《善牧教理期刊1984-1997》，由Patricia Coulter翻譯（芝加哥：Liturgy Training Publication，1998年出版）第167頁。

　　即使重點不在她們身上，她們的背景卻說明了善牧教理課程的兩大支柱，其一是強固的神學基礎，充滿對聖經及禮儀的虔敬，因為這是神親自與我們溝通的來源。另一則是穩固的教學基礎，敬重兒童的個體與潛能。前者的重點在於相信神就是愛，神愛我們也追求我們的愛，而人類心靈也渴望接受和回報如此的愛。後者則是相信既然神的愛是無條件的，那麼神的愛必然也沒有年齡的限制，即便是最小的孩童也應該受邀進入與神的盟約關係中。

　　蘇菲亞與吉安娜二位的背景確實證明此一基礎，但這並不能保證接踵而至的成果。當她們二位相會，出乎意料的安排已為她們所預備。她們眼見，神不只與幼兒溝通，更是在兒童身上找到能夠特別回應祂的愛的對象。令人同等驚訝的是，她們發現幼兒不只能夠進入盟約關係，更擁有經驗與享受天主臨在的特別能力。

　　再回到我們故事的發展上，她們雙方是由一位共同的朋友介紹的，就是知名的蒙特梭利人士阿黛爾・科斯塔・諾奇（Adele Costa Gnocchi），她在蘇菲亞與吉安娜身上看見一些連她也無法確定的事，也許阿黛爾知道這兩位女士的經驗已為她們預備了即將發生的事。吉安娜多年間與兒童日日相處的工作，讓她理解到兒童真正是以天主的肖像而生，如此的體會為她帶來轉變，如同她的說法：「在兒童身上，我得到再生。」

　　對蘇菲亞而言，則是一個事件撥動了她的心弦。她有一位朋友有個六歲大的兒子，便問蘇菲亞是否能給她兒子一些信仰

上的協助，雖然蘇菲亞完全沒有針對兒童的教學經驗，還是答應見見她兒子。當他們碰面時，她翻開聖經的第一頁，一起聆聽並討論聖言，兒童的回應完全超乎她的預料，讀了兩個小時之後，他還是愉快地待在原處。之後她思索：「為什麼他這麼愉快？」在他們各自的生命中，似乎已為他們打好了基礎，有更多的延伸。

在這個時刻，蘇菲亞和吉安娜雙方會面，阿黛爾是「天主所定的計劃」中的工具（厄弗所書／以弗所書 1:9），因為她把第一群兒童送到蘇菲亞和吉安娜面前。她們兩位接受阿黛爾的邀請，踏上當時連她們自己都不知道的道路，而且是一輩子的奉獻。在當時，她們只看到自己的局限，卻在歡迎第一批的四位兒童時，深深受到喜悅的感動：「如果我們的工作沒有依照預訂的課程次數結束，那是因為這四個孩童的回應是如此充滿熱忱、喜悅、寧靜與深刻。」

因此，在 1954 年的春天，善牧培訓中心（如今日所稱）於焉展開。

如何為幼兒的宗教需求提供服務？蘇菲亞和吉安娜將蒙特梭利博士的實驗援引至宗教教育的領域[2]，她們為幼兒準備了善牧小室。善牧小室的環境中為幼兒預備了適合的家具和活動，讓兒童以自身的韻律在其中做自己的事。她們也逐漸增加為六到十二歲兒童所預備的善牧小室，而空間中的設計皆是依據兒

---

2. 參閱瑪利亞‧蒙特梭利的著作《教會中的孩童》（*The Child in the Church*，明尼蘇達州聖保羅：Catechetical Guild，1965 年出版）

童的發展需求。

　　她們同時也面臨另一個挑戰：基督宗教訊息要如何傳達給幼兒，讓幼兒能夠聽進去且接受呢？同樣也是受益於蒙特梭利博士的洞見，她們知道如果要幫助幼兒接觸並體驗神的臨在，便必須將訊息具體化，也就是說，訊息必須以一種具體的方式呈現。因此，她們開始製作教具，讓兒童能夠直接接觸基督的啟示。

　　透過讓兒童使用感官、提供兒童動作的機會，教具成為兒童與神相會的有形工具。事實上，根據一位參與教理培訓多年的義大利倫理神學家，道明會的達爾瑪齊奧·蒙吉洛神父（Father P. Dalmazio Mongillo）所說：兒童手中操作的教具肩負著「聖事」的特質。

　　一系列的教理教材慢慢地發展出來，並且是由兒童所主導的過程。透過仔細觀察兒童的回應，發現某些聖經或禮儀主題更能引出兒童內在的平靜感，也願意重複地操作某些教具。當一個主題或是教具能夠激發出此種特質的回應方式，蘇菲亞和吉安娜便知道，兒童內在的重要需求得到滋養。當一項教具證實它能夠令兒童有投入的渴求、激起兒童祈禱和默想的能力，這項教具便會留在善牧小室中；反之，則會被捨棄。直至今日，這個過程仍然持續進行。

　　隨著時間的推移，蘇菲亞和吉安娜體會到，最能夠滋養孩童的主題，同時也是基督宗教訊息最核心的關鍵。兒童不只是主導了選擇主題的過程，還引導她們進入天主啟示的根本元素。唯有奧秘的核心本質才能滿足兒童的饑渴，例如善牧（好

牧人）的比喻。正如本書第1章中蘇菲亞所言，善牧的比喻喚起兒童內在深刻的共鳴，是兒童自己選擇了善牧的比喻。兒童的選擇也附和了初期基督徒的選擇，如同在羅馬的地下墓窟中所見，耶穌善牧是所有代表基督形象中最常見的。

在這幾年的實驗之間，越來越多的成人聚集於兒童身邊。在1963年，蘇菲亞、吉安娜與其他人，例如席爾瓦娜·蒙塔納羅博士，共同建立了「瑪利亞·蒙特梭利兒童宗教培育協會」（Associazione Maria Montessori per la Formazione Religiosa del bambino），宗旨是為兒童的宗教培養提供服務。這個協會很快地成為一個國際性組織，連結各國的兒童與成人。

這也在不同的文化與宗教傳統之間創造持久的連結，開啟溝通的管道。在1975年，這種子遠播至北美洲，開設了一系列的成人研討會（以培訓引導員），之後快速地興起於美國、墨西哥和加拿大。這股新的成長提供對話的機會，其中一個例子發生於墨西哥，在那之前，這個教理方法尚未命名，在一次與墨西哥主教的對話中，他稱這個教理方法為「善牧教理」，自此便沿用了。

在1996年，善牧教理課程國際委員會（Consiglio）於羅馬成立，成員來自世界各國的善牧教理課程成員。善牧教理課程國際委員會的成立，代表世界各國引導員的整合，同時也擔負一個重任──決定與引導未來教理課程的成長與發展。

在2004年，於羅馬舉行教理課程的五十週年慶，並在聖若望拉特朗大殿（Saint John Lateran）舉行一個公開的研討會，該研討會的高潮是在十二位「前善牧教理兒童」（幼年時曾參與羅

馬善牧小室的人）的親身見證，年齡介於23至56歲。雖然每個人的評論不同，但令人震撼的是這十二個人都表達出，是善牧小室中的經驗讓他們理解，最重要的是他們自己與神的關係。而五十週年慶的特刊《善牧教理：真實的本質》（*Catechesis of the Good Shepherd: Essential Realities*）集結了擁有善牧教理經驗者所撰述的論文。

善牧教理課程現今已傳播至六大洲，在三十一個國家（數量持續上升中！）內運作，並在各式各樣的場域中進行。在2009年，德蕾莎修女的仁愛傳教修女會，其散佈全球的會院皆採用善牧教理課程，使善牧教理課程的成長大幅躍進。有誰曾想像過，這麼一顆小小的種子會變成非凡的大樹！蘇菲亞與吉安娜、其他先於我們的引導員和兒童，肯定會在天堂同聲歡慶，感謝天主！

全球共有七個善牧教理協會，每一個協會皆尋求：

邀請成人與兒童投入共通的宗教經驗，在其中以兒童的宗教能力最為優先，尤其是兒童對神的默想與享受。

善牧教理協會的聯絡資訊

澳洲	The Catechesis of the Good Shepherd 19 Randolph Street, Graceville, QLD 4075; In Australia: (07) 3379 8635 Outside Australia: +61 7 3379 8635 www.cgsaust.org.au

加拿大	Catechesis of the Good Shepherd Association of Canada; 128 Silverstone Drive Toronto Ontario M9V 3G7, CANADA email: catechesis.canada@gmail.com www.cgsac.ca
哥倫比亞	Instituto de Investigación y Formación Catequética Buen Pastor Calle 72A No 73A-33, Bogatá +57 3125853241 +57 1–2766351 email: contactenos@acoforec.org www.acoforec.org
德國	Katechese des Guten Hirten Neue Heimat 5a; 83024 Rosenheim Deutschland email: info@katechesedesgutenhirten.de www.katechesedesgutenhirten.de
義大利	Associazione Maria Montessori per la formazione del bambino Francesca Cocchini, via Alessandria 171-00198 Roma; tel. +39 06 8543853 email: cocchini@mclink.it www.bonuspastor.info
墨西哥	Av. de las Rosas 192 Rancho Contento, Zapapan Jal. CP 45222 +52 33 36 82 02 80 email: loyotere@gmail.com www.catequesisdelbuenpastormexico.org
美國	The United States Association of The Catechesis of the Good Shepherd 7655 East Main Street; Scottsdale, AZ 85251 +01 480 874 3759 email: cgs@cgsusa.org www.cgsusa.org

國家圖書館出版品預行編目資料

讓小孩子來吧：從家出發，邊玩邊學的信仰培育 / 蘇菲亞・卡瓦蕾
緹（Sofia Cavalletti）、吉安娜・高比（Gianna Gobbi）、席爾瓦
娜・蒙塔納羅（Silvana Montanaro）、派翠西亞・庫爾特（Patricia
Coulter）、瑞貝嘉・羅契費茲（Rebekah Rojcewicz）合著；潘菡亭
譯. -- 初版. -- 臺北市：啟示出版：英屬蓋曼群島商家庭傳媒股份有
限公司城邦分公司發行, 2022.06
    面；　公分. -- (TALENT系列；54)
譯自：The Good Shepherd and the child : a joyful journey
ISBN 978-626-95983-1-1 (平裝)

1.CST: 天主教教育 2.CST: 兒童教育

247.711   111006551

啟示出版線上回函卡

Talent系列054

讓小孩子來吧：從家出發，邊玩邊學的信仰培育

作　　　者／蘇菲亞・卡瓦蕾緹（Sofia Cavalletti）、吉安娜・高比（Gianna Gobbi）、席爾瓦娜・蒙塔
　　　　　　　納羅（Silvana Montanaro）、派翠西亞・庫爾特（Patricia Coulter）、瑞貝嘉・羅契費茲
　　　　　　　（Rebekah Rojcewicz）
譯　　　者／潘菡亭
企畫選書人／周品淳
總　編　輯／彭之琬
責 任 編 輯／周品淳

版　　　權／吳亭儀、江欣瑜
行 銷 業 務／周佑潔、黃崇華、周佳葳、賴正祐
總　經　理／彭之琬
事業群總經理／黃淑貞
發　行　人／何飛鵬
法 律 顧 問／元禾法律事務所　王子文律師
出　　　版／啟示出版
　　　　　　　臺北市104民生東路二段141號9樓
　　　　　　　電話：(02) 25007008　傳真：(02)25007759
　　　　　　　E-mail：bwp.service@cite.com.tw
發　　　行／英屬蓋曼群島商家庭傳媒股份有限公司城邦分公司
　　　　　　　台北市中山區民生東路二段141號2樓
　　　　　　　書虫客服務專線：02-25007718；25007719
　　　　　　　服務時間：週一至週五上午09:30-12:00；下午13:30-17:00
　　　　　　　24小時傳真專線：02-25001990；25001991
　　　　　　　劃撥帳號：19863813；戶名：書虫股份有限公司
　　　　　　　讀者服務信箱：service@readingclub.com.tw
　　　　　　　城邦讀書花園：www.cite.com.tw
香港發行所／城邦（香港）出版集團
　　　　　　　香港灣仔駱克道193號東超商業中心1F E-mail: hkcite@biznetvigator.com
　　　　　　　電話：(852) 25086231　傳真：(852) 25789337
馬新發行所／城邦（馬新）出版集團【Cite (M) Sdn Bhd】
　　　　　　　41, Jalan Radin Anum, Bandar Baru Sri Petaling, 57000 Kuala Lumpur, Malaysia.
　　　　　　　電話：(603) 90578822　傳真：(603) 90576622
　　　　　　　Email: cite@cite.com.my

封 面 設 計／李東記
排　　　版／邵麗如
印　　　刷／韋懋實業有限公司

■2022年06月14日初版   Printed in Taiwan

定價340元

城邦讀書花園
www.cite.com.tw